思想觀念的帶動者

文化現象的觀察者

本土經驗的整理者

生命故事的關懷者

Love
Parenting

♥

凝望生命乍現的喜悅 • 傾聽靈魂單純的心跳
溫柔擁抱成長的綻放 • 用愛牽引最初的奔跑

心靈工坊 PsyGarden

愛兒學書系選書理念

愛兒學社會企業成立於二〇一九年，致力於推廣育兒、 親子教養與嬰幼兒心理健康。二〇二〇年，愛兒學與心靈工坊合作，成立「LoveParenting · 愛兒學書系」，著重於引介嬰幼兒心智健康的相關書籍。

成為爸媽，迎接一個孩子到我們的生活，是許多人生命中最重要的一件事。不只是因為身分轉變後，我們的生活重心將重新調整，以培養這段永久的關係，更因為身為父母，我們的言行舉止會影響孩子的三觀與自我定位。因此，愛兒學相信，如果在孩子嬰幼兒期，爸媽就能跟小孩建立正向健康的「心理連結」，這份緊密的情感依附，會成為孩子日後安全感與幸福感的基礎。

建立心理連結是很美好但也很困難的事。在這個過程中身為父母的我們，必須先檢視自己的內心，坦然面對自己的情緒，才能接受最真實的自我。這麼做有時候會迫使我們回顧自己的成長經驗，與過去的自己和解，或放下心中的結。這很不容易，但卻是為人父母進而豐富人生的契機。

本於這個理念，在選書上，我們將著力於兩大方向，一是貼近大眾的親子教養類書籍，強調親子教養觀念的扎根與普及化；另一，則是探討嬰幼兒心理健康的專業理論書籍，期能藉引介國外最新的心智發展理論，培育出在地的嬰幼兒心理諮商專業人才。

愛兒學期待，藉由我們精選的育兒書籍，能陪伴你在這段旅程中，將衝突轉化為互相理解的學習機會；讓日常相處變成茁壯孩子內心的養份，和將來我們珍藏的回憶。

當孩子出現

LORSQUE L'ENFANT PARAÎT

Tome 2

孩子有話，不跟你說

法國父母最信任的育兒專家
多爾多陪你面對棘手的教養難題

Françoise Dolto
馮絲瓦茲・多爾多——著
單俐君——譯

愛・兒・學 合作出版

目次

推薦序一：跨越時空與文化的交流　Catherine Dolto　7
推薦序二：「謝謝妳，多爾多醫師！」　黃之盈　16
譯序：一位實踐者的真誠與人性關懷　單俐君　20

第1部　日常生活的疑難雜症

1　寫信是為了幫助自己　30
2　什麼都碰的孩子——到處爬行，發現新事物　33
3　左手右手並無好壞之分——左撇子的孩子　42
4　物品是讓人使用的——有序或無序？　52
5　父親不是嬰兒——父親無法溝通的問題　76
6　被動不是美德——害羞的孩子　85
7　管好自己的手——談偷竊　96

8 知道東西價格的權利——談零用錢 105
9 大家開心在一起，每個人都有自己的位置 114
10 這個年紀應該做的事——錯誤的標準 126

第2部 孩子你在想什麼？

1 以文明的方式迎接寶寶的到來——關於生產 140
2 你曾經有過生父——單親媽媽 147
3 你看，我多想打你屁股——孩子的暴力，父母的暴力 161
4 媽媽抓狂，兒子顫抖——惱怒的母親 169
5 想像力的領域——聖誕節、傳說與玩具 178
6 現實與幻想——逃避、恐懼與謊言 191
7 應該用實話來承載事實——與孩子談論死亡 201
8 心理治療、精神醫學、復健與精神分析 210

第3部 小孩煩惱，爸媽詞窮

1 你想要出生，我們想要有個孩子——性教育，直接的問題 232
2 無關魔鬼——性教育，間接的問題 241
3 狂歡？——談裸體 250
4 不是說謊，是開玩笑——兒童的性幻想與成人的現實 258
5 禁忌與鄙視——關於亂倫、同性戀與自慰 267
6 十五歲的羅密歐與朱麗葉——談青少年 282
7 星期三的來信——談青少年 291
8 又見星期三的來信 306

推薦序一

跨越時空與文化的交流

我的母親馮絲瓦茲．多爾多（Françoise Dolto）曾說，同意製作「當孩子出現」（Lorsque l'enfant paraît）這個廣播節目，是她一生中最難下的抉擇之一。她撰寫過複雜的理論著作，但是另一方面，她始終希望透過簡單的方式以及易於理解的詞彙，讓每個人都能進入她精神分析師的知識和經驗領域裡。她曾在雜誌上寫過許多所謂「普及化」的文章，也參加過一些廣播節目。然而，以講述個案情況向聽眾充分深入回答問題的方式，卻是一項完全創新的做法，因此是有風險的。必須既不能變成無視專業上需嚴守祕密的公開諮詢，也不能是帶著教條口吻的理論課程。首先她要求只接受書面信件，因為這樣，對方就不得不思考自己的困境，進而保持一點距離。接著她要求由我來整理信件。然後我們遇到了一位出色的電台主持人傑克．琵戴勒（Jacques Pradel），他的聲音非常溫和，而且對製作這個主題很有興趣。節目開播時，他還是一位三歲女孩的父親，妻子正懷著雙胞胎，也是一位充滿熱情又有智慧的對談者，我們之間立刻萌生了默契。馮絲瓦茲．多爾多有一個非常令人愉快的特點就是：她愉悅輕鬆，又有幽默感。她甚至說自己的意見純屬個人看法，認為別人不同意她的觀點，其實是非常好的。她說話的方式非常生動傳神；當她找不到適當的詞彙時，常常習慣發明新詞，這是她一直讓編輯很傷腦筋的地方。不過她對聽眾的智慧以及父母親們的能力充滿信心，而且尊重他們，也不好為人師。偶爾有些批評的信件，她都能夠以極其寬容的態度接納。從所有這些元素裡誕生了一種獨特的化學效應，聽眾們立即報以熱烈的共鳴，「當孩子出現」廣播節目一舉成功，真是成了社會奇觀。在路上人們會停下車子收聽節目；在工作場所，員工會圍聚在收音機旁，生怕錯過任何談論的內容。

馮絲瓦茲．多爾多當時已經六十八歲了，從原來忙碌又有卓越聲譽的臨床醫師，突然成為備受追捧的公眾人物、明星，常在街上被認出來，電視和報紙也爭相邀約。她從未想過自己的生活會有如此突如其來的改變，這讓她難以接受。並且很快就明白到，名氣完全改變了她與病患之間的治療關係，有人因為慕名或好奇攜子前來求醫。她立刻決定停止在自己的診所看病，但仍然繼續接受其他專業精神分析師前來向她請益諮詢，並且繼續為收養機構裡的孩子做心理諮商，因為她認為，在那裡不會有名氣之擾。另外，她在醫院裡發明了一種特殊的教學方式：就是在一群大約二十名訓練期的精神分析師以及執業精神分析師面前進行諮商，讓學員們實地觀察她如何與嬰兒以及幼兒工作。這在當時仍屬少見，多爾多算是先驅！這種諮詢的方式令她全心投入，持續到生命終點，也就是直到她去世的兩個月前。當時她罹患肺纖維化，需要日夜供給氧氣。看病時，她隨身必備一個攜帶式氧氣筒，回到家時，總是筋疲力竭，卻十分歡喜。突來的盛名之累，迫使她必須重新規劃自己的臨床醫師生涯。為了堅持自己的道德理念，也為了將一生的經驗傳遞給那些對精神分析一無所知的人，她付出了痛苦的代價。然而她的堅持是對的，因為她深信聽眾們的智慧，終於使她贏得了這場賭注。

成功的代價

成功永遠都是必須付出代價的，尤其是如此重要的成功，更會引起嫉妒與爭議。然而也是因為這個廣播節目，讓她找到了自己一直在尋找的元素，而成就了日後「綠房子」（Maison Verte）[1]的計畫。

她在八歲時誓願要成為「教育醫師」，讓父母非常震驚，並且向她解釋這個職業不存在，她隨即回答說：「這樣的話，就來發明好啦。」而她，也確實做到了。

她關心的是如何盡可能將自己一生的專業經驗傳達給父母、醫生、教育工作者以及所有與兒童接觸的人，無論他們的職業與職位。有兩個使命驅使著她：一是她非常看重知識的分享，她認為一己的知識和努力可以讓所有的人受益。另一個是，所有重要的治療師都關注的防微杜漸，不希望見到由於無知而重複教養上的錯誤，導致神經質的痛苦、家庭緊張、學業受挫等等，讓原先有能力有智力的孩子無法在世界上獲得發揮的空間。她經常告訴我，這些工作最重要在於傳遞經驗，也就是透過治療孩子苦痛所得到的各種寶貴經驗，讓其他的孩子能夠受到更妥善的照顧。

這個節目為當時樹立下了里程碑，即使在三十多年後的今天，人們依舊熱烈又感動地談論著這個節目。我們經常在電影或電視中會聽到關於多爾多的習慣用語：她已經進入了公共領域。節目一開播，聽眾們立即深受吸引，卻也引起各方針鋒相對激烈辯論是否有權利繼續播放像這樣製作型態以及談話方式都如此不尋常的節目。另外許多精神分析學家也為之震驚，認為精神分析因此被誤導，甚至褻瀆了它原有至高無上的神聖。毫無疑問地，在精神分析專業領域中，她為盛名之累付出了代價。今日，當我們看到電視或廣播節目中肆無忌憚大談隱私，再穿插上一段膚淺的心理評論，大家卻毫不在乎的時候，再回頭看看當年這個滿懷謙虛又謹慎的廣播節目所引發的媒體風暴，真是讓人驚愕。她甚至被戲稱為「精神分析界的祖母」，大家以她的盛名為藉口，詆毀貶抑這位傑出的臨床醫師，否決她從一九八四年著作《身體的潛意識意象》（*L'image inconsciente du corps*）一書開始一生致力關於身體的潛意識意象表達非常重要的理論貢獻。她曾與拉岡（Jacques Lacan）同為佛洛伊德學派的創始人，在最後一次分裂中，有人擔心她會憑藉聲名大噪而覬覦權力，這對她來說真是相當殘酷：她對權力毫無興趣，為人非常謙遜。或許是，她已經完成了自己要做的事情的這個意念，支持著她以哲學智慧的胸襟超然地走過了這場風暴。

她去世於一九八八年，舉國同悲，葬禮由一位天主教神父、一位基督教牧師隨同一位伊斯蘭教伊瑪目以及一位猶太教拉比舉行，萬千民眾前來致意。她非常有名，但是在身為臨床醫師、理論家以及訓練師這一方面，卻又不為人深知。一部分是因為她從來不想創立學派，即使她培育了許多精神分析師，卻將這些年輕人視為同輩。她喜歡說：「我沒有學生」，也喜歡說：「千萬別做馮絲瓦茲．多爾多，要做你自己」，還會閃爍著慧黠的眼神說：「我很願意給你一些建議，只要你保證不照著做。」

幕後故事

一九七六年十月至七八年十月兩年間，我們完全生活在「當孩子出現」廣播節目的步調中。我們會利用一個下午的時間，來到她的診所錄製一整週的節目。每個星期我們都會收到一百封左右的信件，我會帶著五個文件夾，分裝著每一天的節目主題。由我來做前置工作：也就是選擇討論的主題以及信件，然後摘要來信綜整討論主題。我會畫出重要的段落，還會建議傑克．琶戴勒要做的提問。事實上，這些信件都太長了，根本無法全部唸出來。為了讓大家能夠思考症狀的多面意義，並且在案例之間相對比較，通常我會選出幾個相同的症狀，但背後的問題卻完全不同。即使健康的孩子有時也是會出現症狀的。接著我們會以信函通知那些預計在節目中回覆其來信的聽眾，還有那些對同一主題提出問題的聽眾，知會他們空中答問的日期。其他來信的聽眾幾乎也都會收到書面答覆。所以每次節目都是一場龐大的工程，我想大家都能夠感受到我們全心投入的誠意。這實在是令人興奮、感動又筋疲力竭的兩年。每次去母親家時，我總是隨身扛著一個裝滿信件的大書包，週末常是在口述聽寫答案中度過。

與聽眾之間的對話過程真是既充實又飽滿。精彩的是聽眾來信的演進：起初我們收到的來信很簡短，解釋的也不很清楚；到了後來，信件內容又長又詳盡，細膩又聰慧，甚至十分睿智。有些信甚至長達四十幾頁，而我們需要做的，就是回答這些完全了解孩子痛苦的父母。他們已經花了很大的功夫思考過問題，只等著馮絲瓦茲．多爾多確認他們是走在正確的路上。這是一項艱鉅的任務，但讓我們感到十分振奮的是，來信展現了大家了解了面對孩子時應當抱持的態度，這實在遠遠超過了我們原先的預期。

詭祕停播

「當孩子出現」這個節目持續播出一年半的時間，給那個時代留下了永恆的印記，本身就是一件令人印象深刻的事情。節目驟然停播跟之前的廣受歡迎一樣令人驚愕，原因至今成謎。國家廣播電台更換台長，新任台長賈克琳·波堤野（Jacqueline Baudrier, 1922-2009）有一天把我們叫到她的辦公室，告訴我們她決定停播這個節目。她沒有給我們任何解釋，而是要馮絲瓦茲·多爾多像記者一樣主持另一個有關心理方面的節目，我母親當然拒絕了。她甚至提議要我母親跟兒子，當時非常受歡迎的歌手卡洛斯[2]一起演出，一起唱歌！

節目停播的消息沒有對外宣布，九月新學年開始時，聽衆們徒勞等待著他們最喜愛的節目。他們非常震驚節目竟然就這樣無聲無息地消失了，好像馮絲瓦茲·多爾多和聽衆之間的交流必須在沉默與禁言裡落幕。信件持續湧進了幾個月，我們要求電台聘雇一名祕書來回答聽衆們的信件，卻被告知：「你們不要回信就沒事了。」我們據理力爭：「身為臨床工作者，我們不能讓這些焦慮的人陷入困境中。」這整段冒險過程都精彩生動地記錄在戴樂古

（Delcourt）出版社發行的漫畫書《多爾多風波》（*L'onde Dolto*）中。[3]

我相信，在文化差異的背後，隱藏著普世人類的靈魂及其磨難。我希望台灣的讀者們能夠享受自己遇上馮絲瓦茲．多爾多出其不意的回答時的樂趣，也希望你們會喜歡她細膩、溫暖、仁慈又風趣的智慧。我真是喜歡曾經發生在法國二十世紀的交流，能夠跨越時空與非常不同的讀者們相見，我要衷心感謝譯者單俐君女士，以及心靈工坊出版社提供優質中文版版本的機會。

卡特琳．多爾多醫師（Dr. Catherine Dolto）

二〇二二年五月四日於巴黎

1 作者註：「綠房子」（Maison Verte）是一個歡迎父母和〇歲到四歲孩子的機構。一個初期社會化的場所，是父母孩子與接待人員之間交流的地方。原則上，有三名接待人員，包括一名男性以及至少一名精神分析師。在這裡，精神分析師不是來提供諮商而是來陪同玩耍以及彼此溝通的。孩子們必須尊重相當具體的生活規則，違規行為可以被接受也會得到詮釋，但不會受到懲罰。親子們想來就可以來，是免費的，每次只需要報上孩子的名字。接待團隊每天都會變換，讓父母和孩子可以選擇跟自己最談得來的接待團隊工作那天來到機構，讓自己有真正賓至如歸的感覺。這個概念已經獲得極大的回響，現在全世界都有「綠房子」組織。

2 譯註：Carlos，原名 Jean-Chrysostome Dolto（1943~2008），多爾多的長子，法國著名的藝人、歌手、演員。

3 譯註：Catherine Dolto，多爾多的女兒，醫生、觸覺治療師、作家，著有多本關於兒童健康的書籍。

推薦序二

「謝謝妳，多爾多醫師！」

「謝謝妳，多爾多醫師！」閱讀完這本書後，好想跟妳說這一句話。

很榮幸我能在第一時間接連拜讀多爾多醫師兩本書籍，從第一本《孩子說「不」，才會去做》到這一本《孩子有話，不跟你說》。這不但拯救和舒緩我的親職焦慮，更藉由當年節目中信件往返的各種疑難雜症中，看見跨古亙今父母職的焦慮和普同感。

我看見成為父母之後的我們，是第二次的人生形變，除了外觀的改變、身體賀爾蒙的變化、心態上的取捨和更迭，相較於青春期，更是珍貴的第二次蛻變。也許是因為求好心切，我們過度焦慮；也許是想讓孩子擁有更好的對待，常常犧牲自己，卻也茫然失措；也許是在父母職方面渴望被認同，期待伴侶能接手，卻又害怕彼此踩腳不一致，明明想開明地和孩子討論性和身體，卻又害怕孩子因各種好奇，鋌而走險。

這些心情，怎麼越古亙今都這麼相像？

家中有了新生命，不只是「孩子誕生」，而是「夫妻變成父母職」現身。在現今的社會中，無法承認壓力的崩潰爸媽，上下位階失序的親職狀態，專案化管理的親職教養，都為低薪全拋世代的父母，增添了一抹自我要求卻無力抵達的憤慨。多爾多醫師賦能父母們「孩子的問題，其實父母自己就能解決」，爸爸媽媽不要失去信心，透過信件、書寫和聆聽本身就能協助父母紓解壓力，冷靜誠實地思考問題帶來的效應。

透過靜默和書寫，我們也許能從問題中了解真實的焦慮，例如孩子說謊怎麼辦、孩子不負責任怎麼辦、孩子不為他人著想怎麼辦、孩子對性好奇怎麼辦等種種問題，重新從問題孩子的角度，看見父母回應的重要性。也許從耍賴孩子身上你會瞧見「無法忍受自己讓孩子不開心的媽媽」，從催魂咒的孩子身上看見「無法忍受自己對孩子提出要求等一下的母親」。透過孩子的反應，再回頭檢視父母可以怎麼回應，就能鬆綁問題。這讓我想起最近的一個體察是，我是一個工作很有效率的人，在我的親職教養中，意外地將效率模式建立在孩子的大小瑣事上而不自覺。記得有一陣子孩子們兩三歲時，孩子提出要求「媽媽，我的水杯勒？」、「媽媽我的長褲哩？」我想到東西在哪裡，都會回應：「好，我幫你拿！」但事後孩子卻不斷催促，讓我感到心煩意亂。記得有一次，我實在不耐煩，對著孩子說：「剛剛你提出來的時候，我已經跟你說『好』了」，「我都有記得，你為什麼還要一直講一直講，一直逼我呢？」

直到有一次，「我都已經說好了，你還一直催、一直催，我已經在做了，你為什麼要這樣對我？」當下我講完，突然憶起我母親的身影——我看見她的背影在那邊一直做家事，還是小孩的我跟她說：「陪我玩，媽咪陪我玩嘛！」她跟我說好，卻沒有回頭；我一直講，她就只是繼續做。我不曉得轉過身的那一頭，她有多著急想把所有事情做完再來陪我玩，我只知道在這一頭的我一直等不到做完家事的媽媽，所以一直叨叨念……這一刻，我突然懂了：我的煩，正也是我母親的煩，我回孩子們的話，也正是當年母親跟我說的話，成為母親之後，我們也被過往養育片刻附了身……

推薦序二

我突然發現這句「為什麼要逼我」，正是我母親的不平之鳴，而我和她在進入母職之後的完美主義，對孩子的抱怨中夾雜著愛、憤怒、自我期許等多重的尖叫和難過。這些覺察，讓我的內心有了新的選擇，有些問題反倒因為覺察迎刃而解。就像多爾多醫師所言，我們都有能力陪伴孩子解決問題，甚至是解自己人生的結，也許當你從書中發現這點，就能從「過度焦慮的父母、滿是問題的孩子」的觀點中畢業。而我認為，我在新手父母階段，能被妳的書籍陪伴，是一件多麼幸運的事情哪！

黃之盈

諮商心理師、暢銷作家

譯序

一位實踐者的真誠與人性關懷

馮絲瓦茲．多爾多（Françoise Dolto, 1908-1988）這位法國家喻戶曉的兒科醫師以及精神分析師，終於要與台灣的讀者們見面了。

第一次聽到多爾多的名字已經是二十多年前，當時我在巴黎大學教育學院求學，一個風和日麗的初秋，巴西同學克莉絲汀娜（Christina）說起馮絲瓦茲．多爾多，看我一臉茫然反倒讓她驚訝：「妳在台灣沒聽說過這位法國的精神分析師嗎?!……她在我們巴西心理學界、教育界可是影響深遠呢！」於是我跑到圖書館裡查閱相關書籍，馬上就對這位心理醫師大為折服，深深感動不已。心裡響起的第一句話，就是：「真希望有一天台灣能夠有多爾多著作的中文譯本！」而婚後第一年聖誕節，丈夫知道我很欣賞多爾多，就選了「當孩子出現」系列（Lorsque l'enfant paraît）精裝合輯送我當禮物。

到底這位作者有什麼特點立即深深地吸引了我呢？我想是感覺到一位實踐者的真誠與人性關懷穿透文字傳遞出來，簡單直接精確又深厚，同時驚訝地發現呼應了我從自己母親那裡承繼的教育基礎。不曾想過會在另一個國度由另一種文字寫出自己母親的教養態度，讀著多爾多的書，既被啟發又是如此熟悉，像是在法國遇到了另一位母親似地，既興奮又感動。兩位母親堅定開朗的特質，平易、睿智、充滿慈愛讓我如沐春風。。

馮絲瓦茲．多爾多是誰？

馮絲瓦茲．多爾多出生於一九〇八年巴黎第十六區，一個有七個孩子的傳統天主教富裕家庭，排行第四。在她還不滿十二歲時，十八歲的姊姊賈克琳死於癌症。悲痛欲絕的母親責備她沒有虔誠祈禱，要對姊姊的死亡負責。多爾多就在這樣的陰影裡充滿罪惡感地長大，她了解痛苦的感受，對那些自己無能為力而受苦的人充滿同情。母親不希望她成為一名醫生，認為那是一個不適合女性從事的職業，她勇敢堅持獲得了學士學位並繼續修習護理學，然後研習醫學。一九三九年，以「精神分析與兒童醫學」為題通過論文答辯後，多爾多開設了自己的診所並在醫院工作，同時與拉岡從事精神分析，還參與創建了巴黎佛洛伊德學派。拉岡與多爾多在工作上是完美搭檔，一個擁有概念能力，另一個富於臨床經驗，彼此信任欣賞。多爾多曾經直接地對拉岡表示：「你的演講，我聽不懂！不過偶爾當我聽懂的時候，覺得真是精采！」拉岡則回答她：「沒什麼好聽懂的，因為我的理論妳都實踐出來了。」拉岡會把最棘手的病患交給多爾多做臨床治療；他賦予多爾多法國兒童精神分析學創始者的地位，並且肯定她的語言溝通奇蹟。多爾多認為從孩子出生的那一刻起，就可以開始跟孩子說話。

一九七六年至一九七八年間，多爾多在法國公共綜合電台製作了「當孩子出現」廣播節目，為父母們的育兒問題解惑，中肯又專業地傳達一些教養的基本觀念、態度與建議。這個節目馬上大獲好評，大家爭相收聽。她讓精神分析走入家庭，傳遞聆聽溝通、通情達理與愛的藝術。聽孩子表達，跟孩子說話，改變了成年人看待孩童的視角。她認為教養的意義就在於協助孩子成長，培養孩子獨立自主的能力。在她的一生中，寫作和談論的主題都是朝著關於嬰兒和孩童的方向發展，與父母一起協助孩子成長，將孩子視作一個「完整的人」，具備表達能力，教育孩子有責任感，知曉權利與義務；提醒大人尊重孩子，不要強加給孩子罪惡感。曾經有觀眾問她，身為親子專家在與自己的孩子相處時，一定有別於一般父母相當得心應手吧。她的回答是，儘管自己的專業，在面對自己的孩子時，她就是一個普通的母親，與所有的爸媽一樣，也會有不知所措的時候。她不以專家或全知者自居，讓自己永遠是個學習者，偶爾也會很幽默地說：「如果大家都同意我的觀點，就表示我說的話不有趣。」她一再強調自己是從孩子們身上學到豐富的專業知識，孩子才是她的老師，教她聆聽、教她如何去了解。而大人不僅僅要和孩子說話，最重要的是，對孩子「說真話」。

由於廣播的大獲好評，多爾多後來根據這些對話紀錄，出版了三本與廣播節目「當孩子出現」同名的系列書籍。她一直試圖希望以「通情達理的態度，來協助遭遇到困難的父母，將一些常識帶入親子關係裡」。可惜這個節目因為電台政策改變，驟然而止。在停播事件之後，一九七九年起，多爾多創立了「綠房子」，這是一個接待父母及幼兒的機構，目的是讓孩子有一個學習社會化的地方。多爾多越來越知名，也越來越受歡迎。她讓大家知道了自己在精神分析方面的工作，尤其是在與幼兒的關係上，帶來了超前時代的創新。

馮絲瓦茲．多爾多從小接受的是嚴格的傳統教育，在已故姊姊的沉重陰影下長大。她努力從這些價值觀中解放出來，希望給孩子一個自己不曾有過的自由。她有三個孩子，大兒子卡洛斯（Carlos）是綜藝歌手演員，二兒子凱桔赫（Grégoire）是造船工程師，最小的女兒卡特琳（Catherine）也是醫師。他們對母親印象最深刻的是她快樂的個性，以及與她一起談話和遊戲的時光，她會回答孩子們提出的所有問題，即使是最大膽的問題。他們也很感謝母親從未嘗試對他們進行精神分析——感謝她一直知道如何陪伴在他們身邊簡單地做個母親，並且提到母親無論在公眾面前或者在家裡，都是表裡如一的人。曾經有記者專訪卡特琳，問她：會不會厭煩一直活在自己母親的陰影裡。卡特琳微笑地回答：「我自己倒覺得一直活在母親的光輝中。」

即使身受肺纖維化之苦，馮絲瓦茲．多爾多還是一直工作到去世前的兩個月。一九八八年八月二十五日臨終時，她說：「我已經付出一切了。現在讓我一個人靜靜地離去吧。讓我第二次誕生吧。」她要求在自己的墓碑上刻著教宗若望．保祿二世的召喚，「不要害怕」。今日法國各地約有兩百所左右的學校以馮絲瓦茲．多爾多命名，紀念她畢生的貢獻。

媽媽，多爾多，孩子與我

我的母親來自中國北方詩書世家，戰亂流離到了台灣，擔任小學基礎教育。她對孩子一直有最大的尊重，有敏感的心和強烈的意願去理解孩子；她堅持教育是良心事業，要有傳教士的熱誠，認為家長們把珍貴的孩子交到自己手中，她很了解自己的專業使命。熱愛教育工作的母親不只教學扎實活潑因材施教，並且鼓勵學生們適情適性地發展自我，與孩子們相處得非常融洽，大家都能感受到她的誠意與溫暖。而她也一直不忘感謝豐富了自己生命的學生們。母親常會跟我生動敘述著學校以及學生的事情，或者跟我討論自己的想法與做法。每當她遇到困惑不解的時候，就會說：「總是有原因的，我來想想怎麼解決問題。」多爾多也是鍥而不舍總是希望找出原因進而解決孩子與父母親的困難。這兩位女性都能在遇到問題時，冷靜實際地分析，不為問題表徵所誤導，以她們的專業與通達來安撫、建議、鼓勵當事人找到解決之道，也會傳授一些很實用的方法。在日常生活中，她們一直都是滿懷著敏銳的好奇心，善良靈動又喜歡與人談笑交流。

養育就是一代接著一代，等到我們自己生兒育女，孩子讓我們連結到自己的生長經驗，也開啓我們學習為人父母的旅程。育兒之初，我曾讀到「成為母親就是把一個女性推到瘋狂的邊緣」這句話，讓我了解為人父母是項「不可能」的任務，不過也正因為如此，我們可以試著尋找出一些「可能」的做法跟孩子一起過日子。陪伴孩子慢慢成長的過程中，我常常把自己當作牧羊人，學習尊重平等，陪伴照看傾聽了解，傳達自己所知所感，也接納他們的想法看法。珍惜與孩子相處的日常生活，點點滴滴日積月累的親子經驗，過程中遭遇過很多困惑，更共享了無比的喜悅。我在母親的養育中以及閱讀思考多爾多的著作裡得到啓發應證，充實了自己為人父母的信心。時時鼓勵我面對自己孩子的出現、陪同他們成長，也像與每個階段的自己一次又一次地對話，與孩子關係親密又要有分界，盡量尊重彼此的獨立自主。

二十多年過去了，當初閱讀時的感動多已平靜下來。再次詳細閱讀這本書，才發覺很多理念已經潛移默化地融入到自己的生命經驗中，如同親身實證一樣。翻譯這本書不僅實現了自己多年的心願，也像在回顧自己的某一段生命歷程。每次翻譯都是不同的經驗，本書是教養問答的紀錄，雖然口語化，但用詞精確。我上網找了多爾多的訪談影片，在空閒或做飯的時候反覆聆聽，希望能夠掌握作者說話的方式、語氣，精準到位地傳達出多爾多的本意、理念與態度。本系列第二集以《孩子有話，不跟你說：法國父母最信任的育兒專家多爾多陪你面對棘手的教養難題》為書名，呈現給大家。由書中實際接觸孩童得到的寶貴經驗，多爾多建議：「每個人都要為自己的問題尋找答案」、「教育孩子並不是完全投注在孩子身上而忽略自我，更不是忽略自己的伴侶、忽略其他的孩子以及社交生活」、「父母與孩子之間的矛盾，都是因為孩子在面對別人要他們做事情的時候，沒有說『不』的自由」……現在請讀者們參考作者的專業常識，伸展自己的經驗觸角來開啓與孩子的互動，繼續豐富時時在演進的親子之旅。

感謝心靈工坊編輯團隊，總編輯徐嘉俊先生的專業選書，編輯裘佳慧小姐的悉心執行。特別要感謝當年協助多爾多廣播節目製作的女兒卡特琳・多爾多醫師書信往來裡清晰的指正說明、應邀書寫中文版推薦序並且提供照片。感謝 Bruno Mortgat 先生以及好友 Sonia 在翻譯上的大力協助，討論交流的過程中，總是讓我學習許多。也要感謝親友們的關心鼓勵。

最後　感謝

先母孫萍女士

父親單汶先生

為子女以及台灣基礎教育的耕耘

單俐君

二〇二一年五月十八日於法國

Photo by Roger Picard / Source: Radio France

「當孩子出現」節目小組成員。左起傑克・琶戴勒、卡特琳・多爾多以及馮絲瓦茲・多爾多，於 1977 年錄製節目時合影。

第1部

日常生活的疑難雜症

1 寫信是為了幫助自己

這裡有一位母親的來信，這封信您已經回覆過了——可是，令人好奇的是問題已經在回信的幾天前解決了。這位母親在信中說：「發生了一個小奇蹟。我兩歲的女兒從六個月大的時候開始每天晚上都會醒來。然而一個半月以來，這個現象完全消失了。有一天晚上，我陪她去睡覺的時候，她對我說：『好了，我現在要去睡覺了。』」這是第一次她自己說這樣的話，之前她每天晚上聽著媽媽對她說這句話，而很明顯地她也終於想要睡覺了。這位母親最後說：「您在幾天之後回覆了我的信，我不知道自己是怎麼解決了這個問題的，也不知道為什麼。或許是我想解決問題的決心起了作用吧！不過這些都是在內心發生進行的。」

是不是很不可思議啊？

我真的非常高興看到這封來信，因為這封信完全符合我的初衷。也就是說，我想幫助父母自己設法去解決他們與孩子之間關係的問題。

我認為一位母親在遇到問題時寫信，就已經讓自己拉出距離來看待問題了：她思考斟酌、遣詞用字，並且知道我們會讀她的信，因此她完全以心靈書寫，而我也是同樣盡心盡力去讀她的信。這樣一來，透過書寫以及閱讀信件，通過聽眾朋友的聆聽，就產生了某種效應。因為她知道我的目的並不在於開方抓藥，而是在於讓父母親明白他們自己就有解決問題的辦法——明瞭每個孩子以及每段親子關係都是不相同的。在我們這個時代，大家已經養成了去詢問別人來代替自己解決問題的習慣。然而如果每個人都能夠冷靜、誠實地去思考困境，把問題的細節寫下來並且知道自己的問題會被聽見——最重要的是知道有人聆聽自己——便會讓人更為清醒地去傾聽自我，否則就會陷入面對尖銳問題時焦慮又擔憂的混亂旋渦之中。

這位媽媽所做的正是如此，讓孩子藉由感覺而了解到父母有多麼地關心自己。在面對孩子看似任性的舉動時，這位母親能夠拉出距離來，看出其實孩子任性的目的是為了引起母親的注意；於是孩子自己也明白，母親關注的不是女兒總用身體重複做著同一件事情，而是女兒如何以個人特質慢慢地長成大女孩。這便是給我們寫信的聽眾們做的事情。我非常高興，因為這就是我希望達到的境界，就是父母親不要認為孩子只會帶來許多麻煩，而是在共同生活的過程中讓自己與孩子一起成長、進步。也就是說，父母與孩子相處的每一天都在逐步地改變自己存在的方式。生命比一切都來得強大，如果我們能夠讓每個生命表達自我，而不是碰到問題的時候就止步；在問題一開始出現時就思考，哪怕僅僅是為了自己而寫信，也要捫心自問：「到底是怎麼回事？發生了什麼事情？」應該把問題說出來，而且不要等待一個現成的答案。

這位女士沒有等待我的回答，她自己就找到了解決的辦法！而我的回覆恰好肯定了她所採取的做法。

2 什麼都碰的孩子——到處爬行，發現新事物

有一個問題常常出現，那就是當孩子開始會走路時，他們在家裡走來走去什麼都要碰，結果把家裡搞得像龍捲風來襲一樣。接下來我要給您讀兩封信：第一封信中的母親並沒有把情況說得很嚴重，她簡單地寫道：「我有一個十三個月大的兒子，兩個月前開始會走路，他活力充沛，眞是把我們累壞了。只要他一睡醒，就到處爬來爬去。如果他在廚房，就會拿起鍋子和鍋蓋，敲打冰箱或地磚發出震耳欲聾的噪音；如果他在浴室，就會把牙膏弄到洗臉槽裡；如果他在客廳，就會去動電視機的按鈕等等。我該怎麼辦呢？難道要任由他把家裡所有的東西都弄壞嗎？是否要把一切他不應該碰的東西都放到他拿不到的地方呢？還是要一直禁止他做這做那呢？」

第二封來信是關於一位十一個月大的女孩，她藉著爬來爬去探索自己的家，然後把一切能找到的東西都放進嘴裡。這位母親和上一封來信的母親一樣，請教該怎麼做才好。是要由著孩子這麼做，同時試著盡量減少破壞造成的損失，放孩子自己玩耍；還是要一直陪著她玩，防止她把東西都放進自己嘴裡呢？

到處爬行以及發現新鮮事物這兩件事情其實是相關聯的。一個孩子把什麼東西都放進嘴裡是正常現象，更何況小孩子還無法用語言來命名自己所摸到的東西。我已經講過「孩子什麼都碰」的話題。這個十一個月大的小女孩成長得很快，而大人要盡可能地避免說出：「別碰！」這類的話。母親當然要清除掉所有真正危險的東西。此外，母親要盡可能地用眼神和話語來協助孩子。比如說當母親留意到女兒把東西放進嘴裡時，可以對她講：「這是什麼什麼（說出物品名稱），妳嚐出它的味道了嗎？這是皮革、這是紙板、這是布、這是厚衣料、這是絲絨、這是毛線……」然後母親再把這些東西從孩子手中收過來。孩子應該以這樣的方式去探索家裡的事物，就是當孩子觸碰到物件、進一步觸摸、拿起來、放進嘴裡時，如果母親在現場，要對孩子說出這些東西的名稱。

其餘的時間，當媽媽不能盯著孩子、不能命名孩子所做的事情的時候，她可以把孩子放到一處與其他房間隔開的空間裡，母親可以讓丈夫為她做一個與孩子身高相當的小護欄，然後在裡面放上一些孩子需要的小東西，像是紙箱、兒童家具、玩具等等。要讓孩子能夠自由地去碰觸裡面所有的東西，並且能夠把它們放進嘴裡，前提當然是這些東西不能有危險性。

不過，孩子在外面玩耍的時候，吃土、吃泥巴或髒東西當然是不好的。正因為如此，孩子外出時最好帶著玩具來引起他的興趣。只有當母親告訴孩子玩具的名稱，用言語將玩具置於母子兩人的關係當中，這樣玩具才會吸引孩子的注意力，才會變得有趣。

讓我們回到那個十三個月大小男孩的話題上吧！他兩個月前剛開始會走路，和剛才提到的小女孩一樣，都需要認識一切，都需要知道怎麼去觸碰東西以及自己觸碰到的東西可以用來做什麼。不要只對孩子說：「這是鍋蓋。」還要說：「你看，這個蓋子比那個蓋子大。」然後再給他看另一個鍋蓋，說：「這是放在這個鍋子上的。」讓孩子在兩、三個鍋子裡面找找看，並問他：「你看這個鍋蓋適合放在哪一個鍋子上呢？……不對，你看，這不是這個鍋的蓋子，是另一個鍋的蓋子。」每天早晚各花半個小時這樣做就可以了。這就是我曾經說過對於什麼都碰的孩子可以進行的物品認知課。另外關於孩子弄出噪音，也就是這位母親提到的震耳欲聾的聲音。如果母親想要掌控孩子的話，比如可以時不時地和他玩一些有節奏的遊戲（孩子們都很喜歡），有節奏地唱一些自己編的兒歌。結合動作、聲音及詞語的練習對嬰幼兒來說是非常好的，而且媽媽也別忘了可以把家裡的小梯子立起來，讓孩子練習爬上爬下。因為這個男孩很好動，媽媽更可以帶他去散步、讓他跑一跑、玩一玩球，每天兩次，一共一、兩個小時就好。孩子也可以有一些像小型汽車類的玩具，可以讓他坐上去玩「嘟—嘟」向前開車的遊戲，或是一些可以讓他推著到處走的小椅子。

父母透過語言與孩子一起玩的感官型遊戲開始得很早，從搖籃裡就開始了，比如：視覺、聽覺、觸覺、抓取能力——拿、放、遞、扔、接等等。為了模仿大人和熟悉的人的動作，孩子透過到處爬行來掌握空間裡的事物，發現進而體驗身體的功能——展現出人類智慧的過程，並且學會模仿肢體語言、聲音以及口語，是為了能夠認識並掌握這個世界，以及獲得與他人交流的快樂。

關於同一主題，我還有第三封很有意思的來信，這位母親遇到的困難也許反而恰恰就是因為自己非常渴望把一切事情都做得很好。首先她向您提出了一個很普遍的問題：「我知道您贊同的是以極度溫柔的方式來對待年幼的孩子（比如從不提高嗓音、沉穩地向孩子解釋一切），可是面對一個十二個月大的寶寶，剛開始學會走路並且什麼都要碰，該怎樣對他開始實施管束與懲罰呢？

怎樣才能逐漸引導寶寶聽從重要的指令呢？我認為，在溫柔、理解以及完全放任不管之間還是有很大差距的——儘管一些年輕的父母受到現代心理學與教育法的影響，傾向於對寶寶採取放任不管的做法。」

禁止某件事情並不一定要大聲吼叫才行；溫柔與威嚴並非不能兼容，溫柔也不會阻礙謹慎地提出禁止。

另一方面，關於「什麼都碰」的這個議題。我剛才說了在寶寶十一個月大的時候，還是應該先把所有危險的物品拿開，再讓孩子去體驗，不要像這位女士寫的，只把孩子放進遊戲用小柵欄裡面。還要給孩子一些紙箱（讓孩子可以玩、可以藏在裡面）、小凳子以及可以讓孩子爬過去的小障礙物。

我打斷您一下，是為了唸來信的後半部分，因為這部分寫到了這位媽媽較為具體的經驗……

根據這位媽媽的敘述，受制於自己的求好心切好像成了兒子奴。

她寫道：「我是這麼做的：我和兒子一起待在遊戲小柵欄內，我給孩子看如何把小圈圈串在棍子上，我還幫他堆積木。可是孩子的反應太奇怪了，我想請您幫我解釋一下，一般來說情況是否都是這樣：孩子抬腳對著我堆起來的積木踢下去，也不想再重新堆起來。試了一、兩次之後，他就能夠把小圈圈串到棍子上。我會鼓勵他繼續這麼做。忽然間，一切都開始讓他感到無聊，他憤怒地哭了起來，然後激動地把所有的玩具都扔出小柵欄外，明擺著對這些他這個年齡的巧手遊戲玩具不感興趣。」

孩子之所以生氣，就證明了自己還不到玩這些玩具的年齡。另外為什麼這位女士讓自己與孩子一同待在小柵欄裡呢？既然她在場，就應該讓孩子在公寓裡到處爬啊！

藉此機會，我跟您說一下還有許多問題也都提到了，像是：「玩什麼遊戲？在幾歲時玩？」這麼說起來，這位女士完全弄錯了嗎？

是的。她想讓兒子去玩的遊戲，其實是一個十八個月大的孩子出於樂趣，會獨自去發現該怎麼玩的遊戲。而她兒子還處於玩觸覺遊戲的階段，所以這位母親不要把孩子關在小柵欄裡面，而是要帶他去觸摸各種物品：母親可以把一堆小東西放在一個箱子裡——也就是我稱之為「小玩意兒」的東西，比如線卷、一截地毯、毛線團、舊鈴鐺、鑰匙、老門鎖……總之就是所有她能找到的、能讓孩子觸摸、又有趣的東西。孩子也要有小玩具，比如小動物、玩具娃娃、木製小卡車、彩色的紙、包包、小箱子、小貓小狗形狀的毛絨玩具或橡膠玩具、小喇叭、玩具鼓等等。母親要一邊讓孩子動手去擺弄這些東西，一邊給孩子講物品的名字，同時跟孩子說話——這就是她孩子現在這個年齡適合玩的遊戲。孩子還不到母親想讓他玩的遊戲的年齡，所以他沒有表現出主動性。

在這封來信裡的另一段寫到，在公寓裡她會牽著兒子的手帶著他走來走去——「因為兒子比較喜歡這樣。」於是她其他的事都做不了了。

這真是一位無法忍受讓自己孩子不高興的媽媽啊！可是像這樣要持續到什麼時候呢？不行，這太誇張了！就像我剛才說過的，應該順應這個喜歡獨自玩耍的孩子可以自己玩耍，況且母親也有自己的事情要忙。

當她需要把孩子放進遊戲柵欄裡的時候，她也不必和孩子一起待在裡面吧？

不應該一整天都用兒童遊戲柵欄，而是只有當母親無法看著孩子的時候才用。況且母親自己也不必待在兒童遊戲柵欄裡面！這個年齡的孩子喜歡不受打擾地扔東西。母親要盡量少把孩子放在柵欄裡面，孩子在家裡應該跟在母親後面跑。等他到了十三、十四個月大的時候，如果母親覺得孩子足夠靈活了，可以打開折疊梯讓孩子學著爬一爬——當然是在沒有危險的前提下。一個能爬高的孩子（比如爬上桌子）是個在肌肉生長方面發育得很好的孩子。孩子就應該這樣健康地成長。等到孩子夠大的時候，或者假如孩子現在就已經感興趣的話，母親可以讓孩子在低矮的坐浴盆周圍玩水。

重要的是，要知道如何引導孩子去認識可以觸碰的東西，以及危險、不能去觸碰的東西。可以從爸爸或媽媽的筆，或者媽媽的針線盒開始教起：可以好好觀察這些東西，但是不要動手去碰。還有許多其他的東西，孩子只能在成人的協助下去觸摸。在孩子接近一歲半的時候，與大人一起，大人要教孩子認識這些物品並且用手去拿。不過這項活動應該循序漸進，每天不要超過半個小時。母親要用正確的詞語向孩子解釋，並且只有在孩子感興趣的情況下進行；若不然，母親就不需要這麼做（不過我想通常應該是會讓許多孩子感興趣的）。

或許這個孩子處於聽兒歌、唱兒歌、聽故事的年齡階段。在十一個月大的時候，孩子喜歡看兒童布書，並且會想知道小書裡每個畫面上的東西。

母親也可以帶孩子去認識一些人，帶他去散步、去看正在工作的工人並且跟孩子解釋他們在做什麼。母親也同樣要在孩子感興趣的情況下，讓孩子和其他的人說話，尤其是要讓孩子跟其他小朋友在一起。假如母親可以找到一位有同齡孩子的女性朋友，那就太好了——母親們忙的時候，孩子們可以一起在遊戲小柵欄裡玩；而母親們不忙的時候，孩子們可以在她們周圍玩耍。

或者母親還可以讓孩子在床上跳，比如爬到床上、再從床上滾下來——這些都是他這個年齡愛玩的，而不是母親想要孩子玩卻讓孩子反感的智識型兒童遊戲。

3 左手右手並無好壞之分
——左撇子的孩子

有不少父母給您來信，向您講述關於孩子是左撇子的事情。先來看這位母親的來信，她三歲半的女兒就是左撇子。女兒總是吸吮左手的大拇指，也總是用左手抓東西。她吃東西用左手，拍球也用左手……

她用左手拍球還是左腳踢球？

用左腳踢球，接球的時候也使用左手。

她是真的左撇子。

現在，她用左手畫畫，寫字從右到左。媽媽也不想去妨礙女兒：「我們時不時地想讓她練習一下右手，可是我們馬上就意識到她使用右手做事很不靈活。另外，她開始混淆『前面』和『後面』、『上面』和『下面』、『早上』和『晚上』，還有『明天』和『昨天』。然而，這個孩子很早就能說話了，語言表達能力很好。可是我想她在寫字和語言表達時出現混亂，是不是由於她以前總是慢吞吞的，而我又總是催促她才造成的呢？」這位母親請教您若像這樣，孩子最終是否會有讀寫障礙的問題呢？

這裡提到許多不同的問題。這個小女孩寫字的方向似乎是反著來的，然而這不一定與孩子是左撇子相關，因為有些孩子即使是右撇子也會有這樣的問題。小女孩似乎反對「上」就得在上，「下」就得在下……她想讓「明天」是「昨天」。看上去小女孩在很多方面都表現出一種情感上的對立態度，這確實很可能與母親總是不停地催促她、打亂女兒自己的「步調」有關係。

她還寫道：「我們對家庭生活的態度非常開明，但是我們的日常非常奔忙，必須完成所有要做

的事情。」而這個孩子緩慢的步調可以說是生活裡的一個阻礙。

有可能。不過這與常見的左撇子的問題完全不同。我可以這麼對家長說，一般來說，除了比較罕見的、相對較早便只使用右手的那些孩子，所有的孩子使用左手和使用右手的機率是相等的。孩子通常都會使用雙手和雙腳，在所有需要運作支配肢體的活動中，使用身體左邊或右邊的時間越長，就變得越靈活，這樣會比較好。因此不要對孩子說使用哪隻手是對的，哪隻手是錯的。

大人其實可以教孩子，跟別人說再見的時候，要伸出右手和人握手。不過如果孩子伸出了左手，也不要對孩子說：「伸出對的那隻手！」其實很簡單，人們伸出右手握手時，孩子也得伸出右手。然而，假使人們都伸出左手握手的話，我們也是都可以做得到的。這是個約定俗成的問題，而不是哪隻手對或哪隻手錯的問題。

重要的是不要妨礙孩子神經系統的發展，這個系統是隨著孩子的成長慢慢建立起來的。通過觀察孩子書寫是否靈巧，以及在需要細心才能完成的遊戲當中，可以察覺出孩子是左撇子還是右撇子。無論孩子是左撇子還是右撇子，大人都應該高興。或許大家都知道，在美國有些工具會針對左撇子或者右撇子專門設計，而左撇子佔消費者比例的36%。

相較於法國而言，這個比例是非常高的！

是的。在法國，有人必須讓自己去適應右撇子使用的工具，可是這些工具對他們來說並不方便。我們應該尊重孩子的「兩手俱利性」，也就是說，要讓他們能夠自由地使用左、右手做事情，想使用多久就使用多久。不過，無論孩子喜歡使用的是哪一隻手，大人都不要允許他們逆向書寫（也就是從右到左地書寫）——右撇子的人也照樣要遵循這個書寫規則。所以，書寫的方向與左撇子毫無關係，不是嗎？

這個孩子有兩個不同的問題：伸手時要伸出右手，這是所有的人都要遵循的，否則將來她會被某些人認為不禮貌——哪怕這個說法是愚蠢的。最好還是避免因為約定俗成之事讓他人對自己的孩子指指點點。同樣地，法語書寫從左到右的習慣非常重要，無論孩子是左撇子還是右撇子，都不要讓孩子養成從右到左的書寫習慣，否則將來孩子會更難適應。最好是對孩子說：「你剛才不是在寫字，你是在畫畫。我同意你畫畫，不過如果你要寫字的話，就得從左到右來寫。」我想這位母親應該去尋求專業人士的建議。這個孩子有明顯的、慣用左手的人的單腦優勢，在這個基礎上，她還表現出一種並非由此產生的併發症——這是另外一回事。或許她想讓自己有點特殊的地方？我不知道。但總而言之，她需要去做心理諮商……還有應該立刻停止從右到左的寫字習慣吧，否則小女孩以後是會很難更正過來的。

另一封關於左撇子的信來自一位教師，她的女兒五歲半了，相較於右手更喜歡使用左手。母親在這件事上倒是從來沒有為難孩子。她寫道：「我最近與自己工作單位的心理師說了孩子的情況，心理師也給她做了測試。之後對我說：女兒的左手右手同樣靈巧，而左手稍微占主導。」心理師建議這位母親，還是要溫和地要求孩子盡量多使用右手，母親也遵循著這麼做了。只不過，現在孩子要換學校，而新學校的老師卻持有不同的意見——她認為應該放任孩子。於是這位母親不知道該聽誰的了。她說：「在家裡，我仍然嘗試稍微改變孩子，因為我要求她盡量使用右手；可是在學校裡，老師對她的要求卻不一樣。」

這個問題看起來還沒有徹底深入研究——也就是還沒有深入研究到我認為應該到達的程度。需要知道心理師具體給這位媽媽建議的是不是無論在任何情況下、無論做任何事情，都要讓她女兒使用右手呢？假如是這樣，就很糟糕。假如只是針對某些動作讓她女兒使用右手的話，那就沒問題，比如我剛才提到的寫字或者伸出右手與他人握手之類的動作。

這裡尤其有一個跟眼睛有關的問題！孩子就算根本沒有近視，寫字或看書的時候也會把臉靠得很近，跟自己的眼睛幾乎只有十公分的距離。即使他們看得很清楚遠方，在操作物品的時候，還是會離自己的臉很近。要知道我們在用眼，甚至用耳方面可能會有偏左或偏右的習慣。比如說，習慣用右眼、右手和右腳的人，是具備完全單腦優勢的右撇子。不過如果這位小女孩同時具備左、右手俱利，或者左手稍微主導，並且習慣用右眼的話，那麼那位心理師的建議便是有道理的。假如孩子習慣用左眼的話，那麼她最好用左手寫字，直到她自己希望改變為止。通常來講，習慣使用右眼又習慣使用左手的孩子在接近八、九歲的時候就會自己改過來，然而在此之前是不會自己糾正過來的。假如糾正過早的話，他們在寫字的時候脖子會酸痛，這是因為習慣使用右眼、左手或者相反的情況，會導致在寫字的時候脖子一直處於僵硬的狀態，尤其是大部分的孩子在寫字的時候臉總是離紙很近。快到九歲、十歲的時候，孩子寫字時就會讓自己的臉離紙遠一些了，而那些完全左右手俱利的孩子就會自己訓練好用右手寫字。我曾經見過五、六個這樣的孩子在十歲左右就這樣把自己訓練好的，因為他們發現用右手也完全可以寫字寫得好好地；況且像所有的人一樣書寫其實會更方便，字也會寫得更漂亮。

總之，我不知道這位母親是否完全理解心理師所說的話。她應該要知道孩子是否習慣用右眼，假設正是如此，並且假如孩子能夠充分靈活地使用右手的話，那麼大人可以協助她學習使用右手寫字。因為孩子還小的時候，在十歲之前，使用的那隻手應該和自己習慣使用的眼睛同一邊會比較好。

總結就是，不應該一味糾正一個習慣使用左手的孩子。

對，當然是這樣！一味糾正左撇子是不好的，甚至可能造成傷害，因為影響的是神經系統。硬性糾正一個真正左撇子的孩子可能會抑制其表達能力，也可能會導致所有運動機能方面變得笨拙、或是產生口吃問題，甚至會讓孩子深深地感到焦慮不安。

總算有一位父親來信了：「我有一個四個半月大的兒子和一個兩歲七個月大的女兒。很明顯地，他們兩個都是比較常使用左手的。小寶寶現在還不是很明白，但是妻子和我都會經常提醒女兒，做事的時候要用右手。」可是她在用右手做動作時看起來明顯地有許多困難，比如說她不能用右手按照準確的方向推東西。這位父親寫道：「這讓我很煩惱，我覺得挺嚴重的，因為我從來不知道歷史上有什麼人物——至少在近代史裡——是左撇子。我妻子對我說她見過一位女醫生是使用左手的……我希望她沒記錯……」總之，這位先生好像把智商與右撇子這件事緊密聯結在一

起了……

……甚至聯結上了將來能否在社會上成功的問題。

我不知道這是否跟將來在社會上成功有關係……

他好像認為左撇子是不正常的！我說過，左撇子的現象並不罕見。糾正一個本能使用右手的孩子，強迫他去使用左手是很危險的；同樣地，硬要一個左撇子改用右手也是一樣的道理。我並不是很理解這位父親的擔憂。我想這對父母親最大的困難來自於無法直接給自己的孩子示範如何做得像他們一樣。可是對孩子來說，他必須用自己最無力的那隻手來仿效自己父母靈巧的動作。因此，父母無法引導孩子做到完全跟自己一樣的動作。或許這就是讓這位父親擔心的原因。總之，無論孩子是左撇子還是右撇子，父母都應該為孩子能夠做自己、不試著假裝模仿父母而感到高興才是。模仿是猿猴的行為，然而培養孩子認同的能力則是用語言來建立的、具有象徵意義的過程；這個過程會讓孩子主動採取行動，並且在不傷害他人及自己的前提下，尤其是以不違背自己天性的方式來完成。

這位父親還問您：現在糾正孩子是否已經太晚了，或是還太早？

不早也不晚。每個孩子該是什麼樣子，就是什麼樣子。現在女孩才兩歲半，我們還無法下結論說她將來不會同樣靈活地使用右手。目前她運用左手比較靈活，讓她看起來像個左撇子。不過，很有可能在接近四、五歲的時候，她會更靈活地使用左手做某些事情，同時也能夠充分靈活地使用右手。這樣的話，她就可能雙手運用自如。要知道一個純右撇子，左手是不很靈活的，也是常會讓自己感到不便的。

我們肢體動作的自在性、靈活性、協調性與效能性，其實都是來自於身體各個機能的生理平衡，並且與運動神經控制力一致。這就是一個整體的配合——包括神經、骨骼、肌肉、循環系統以及內臟。然而，我們所擁有的內臟器官與感覺器官都是相對稱的（並非僅僅指我們的上肢和下肢）。從最無意識的動作，比如臉部表情，以及主宰發聲與說話動作的喉嚨、嘴巴以及舌頭的動作，再到我們可以在最有意識的情況下、自覺地去控制和運用的動作——這樣的對稱性在我們動作的協調性上扮演著重要的角色。只不過在所有的人身上，身體有一側會自然而然地主導，況且動作的精確程度並非總是與較有力氣的那一側相符。所謂「右撇子」或者「左撇子」，正是那些集合力量、精確程度與靈巧程度在同一側的人。

這位父親之後可以去觀察電視上運動競賽裡的運動員，他會看到在拳擊、擊劍、網球、足球等等領域，全世界最棒的運動選手裡都有左撇子。或許這樣可以讓他安心一點吧！

4 物品是讓人使用的——有序或無序？

首先我這裡有兩封信，其中一封想請您談談關於「有序」的問題，另一封則是關於「無序」的問題。根據來信的問題，我想我們可以試著對這個主題做個總結，因為的確有許多家長喜歡把家裡收拾得很整齊，尤其是整天都待在家裡的母親們都不太能夠忍受家裡太亂。先來看看這封醫生的來信吧。他沒有說明家裡的孩子是什麼樣的情況，他只是簡單地向您請教：「您能不能給我們一些建議，如何讓孩子養成整齊有序，又不至於讓孩子變得潔癖呢？也就是說，如何能夠尊重孩子又不磨滅孩子自在的天性，並且教會孩子整理自己的東西呢？」

即使是一個靈巧活潑又與外界互動良好的孩子，也不可能要他在四歲之前整理東西的。不過在這之前，應該讓孩子看到自己的父母是怎麼整理東西的。家長可以對孩子說：「我找不到我的東西了，你一定移動過。」在與孩子一起尋找之後：「你看！你把它們隨便放到別的地方了。」家長要讓孩子注意到，因為他的好動——在完全無意識的情況下——把某樣東西拿走了，然後當他對這樣東西不感興趣的時候，又隨意把這個東西留在了某個地方，之後又去拿另一個東西。孩子就是這樣。我們不可能讓孩子在四歲之前學會收拾東西，不過我們可以提前對孩子講一下這是怎麼一回事。

那麼孩子四歲之後該怎麼做呢？

想要教會孩子收拾東西，不要一整天都要求孩子這麼做（當孩子正在活動的時候，這根本是不可能的），而是要在半天時間快結束的時候要求孩子。比如說午飯的時候，大家收拾準備要一起用餐的飯廳時，大人可以對孩子說：「你來幫我一下吧！把這些東西都放到你房間裡去，這些放到我的臥室，這些放到櫥櫃裡等等……」不過到了晚上，孩子的房間還是很亂的時候，是不可能在孩子上床睡覺前完全都收拾好的。只有在孩子把自己安頓在床上準備睡覺的時候，他才會明白也要把東西整理歸位。這樣對孩子來說才不是「違反天性」，才不會令孩子不舒服。

整理並不意味著有秩序強迫症，而是意味著我們把東西收拾到一個專屬孩子的地方（比如是房間裡的某個地方，玩具籃或是壁櫥等等）。不要硬性規定某樣東西要放在某個特定的地方，因為當孩子還小的時候，他們需要有個人專屬的雜物堆。

四歲的孩子，非常能明瞭自己需要整理東西。孩子五歲之前，母親不要對他說：「如果在你房間以外的地方還有你的東西的話，那我就只好沒收了。你總是把東西放到不該放的地方：像是我們的臥室、飯廳或廚房。」孩子的房間是不可能井然有序的；除了在每週一次大掃除的時候。

只有在孩子快到八歲的時候，他們才會自己整理東西。在這之前，他們偶爾會整理自己上學用的東西，尤其是當家裡有好幾個孩子的時候（他們會保護自己的東西不被兄弟姊妹順手拿走）。前提是大人要給孩子指定一個特定的地方來存放各自的東西，可能的話也可以上鎖。每個孩子都要有自己放東西的地方，這很重要，尤其在一個多子女的家庭裡，這樣每個孩子都能把個人珍貴的東西放在別人拿不到的地方。像是可以給每人個人用小掛鎖或者密碼鎖（而且孩子不要告訴其他人鑰匙放在哪裡，除非孩子想讓別人偷拿自己的東西）。大人想要教會孩子整理，只有自己做出榜樣才行——其實教導什麼都是這個道理。

您的描述有點理想化，不過如果我們想要在孩子四歲之前給他灌輸秩序感的話，是否就會像來信的醫生所提到的，會扼殺孩子的自主性呢？

會，就像這位來信的醫生所說的那樣，這麼做的話有可能讓孩子養成收納整理的潔癖，也就是強迫症。這個孩子不像其他孩子那樣有玩耍的自由，於是在秩序感這方面會表現得像老人一樣，有把一切都歸位的「需要」，否則就會覺得身體被打亂了，當東西沒有整理好的時候，他會感到渾身不舒服。這就是強迫症的跡象。

相反地，玩具、書、衣服等都雜亂地散落在自己周圍，孩子才會感到自在。當然啦，前提是父親或母親不要收拾成癖，也不要就這個問題無止盡地責罵孩子。也就是說父母沒有整理強迫症，並且也不想強迫孩子去整理。這是會有害處的，因為那些有強迫症的人無法容忍生活中的驚喜與變動，這樣的人在社交關係中會感到十分不自在——他們會認為社交總是一種干擾。然而，重要的正是關係的處理。物品是為了服務人際交往的，是用來玩耍、激發興趣的。物品不會指揮我們，是我們要去使用物品。

說完了「有序」的主題，我們來談一談「無序」吧。有一位女聽眾來信請教您，在您看來，

「無序」是不是性格的一部分呢？是不是只要個人願意就還可以補救的呢？還是說「無序」會構成性格的一部分？若是這樣的話，應該很難要求一個對「無序」已經根深蒂固的人去做任何改變了吧？她提到自己有三個孩子，一個三歲、一個九歲，她說他們倆都「成功地養成了整理東西的習慣」，然而十歲半的兒子卻非常不愛整理。她的丈夫也是非常「無序」的人。她寫道：「我丈夫是個非常優秀的人，在工作上鉅細靡遺，在家裡卻是雜亂無章。我根本不是那種整天只想著擦桌子拖地板的母親，我只是希望在自己家裡能夠找到想找的東西而已，可是連這個希望都成了奢求。」有一天，她十歲半的兒子在與母親一起整理完房間之後，對她說：「妳知道嗎？我不喜歡我的房間變成這樣。當房間整理好了，我在裡面會覺得孤單、被孤立了。當玩具到處散在地上的時候，它們才有點像我的朋友。」

大兒子肯定是想和自己的父親一樣，因為父親給他樹立了「無序」的榜樣，這一點對孩子而言就是父親的作風。我想他一定聽過父親說：「我不喜歡房子整理成這個樣子，讓我覺得不像活著。」諸如此類的話。大兒子像自己父親一樣行事，這也沒什麼好驚訝的。或許他的天性就跟自己父親一樣。如果母親常常在整理東西，兒子會比父親好一些，因為有時候父親應該也會因為自己的無序而苦惱。的確有些人每天會因為自己無序的習慣而白白浪費一個小時……也有些人每天會白白浪費一個多鐘頭的時間，整理掉那些原本可以留在自己伸手可及範圍內的東西。

在這個男孩的話裡，讓我感興趣的訊息是他喜歡把東西都留在地上。我也常常注意到孩子們很喜歡把自己個人的小東西鋪滿在地上。這一直都讓我很驚訝，因為我個人很不喜歡把東西留在地上，我喜歡把東西放在自己伸手就能拿到的範圍內，比如放在一張椅子上。當我沒有時間整理的時候，我的椅子上經常都堆滿了東西。不過，我不在地上留東西，除非椅子上沒有位置可以放東西了。可是孩子們卻不是這樣的。或許可以這麼說，椅子對成年人來說，就相當於孩子的地板。

家長只有自己給孩子做好榜樣，才能教育好孩子。然而這個孩子被夾在母親和父親兩個榜樣中間——母親也許並不能算整理過度，而父親卻是非常「無序」。當孩子想要在兄弟姊妹面前保護好自己珍貴的東西時，他就會學習收拾自己的東西。現在就要回到之前提到的話題了：孩子要有一個能夠用鑰匙把東西鎖起來的地方。母親可以對兒子說：「你想找的東西，自己想辦法去把它們找出來。」接下來，母親可以每個星期都高聲喊大家稍微整理一下。

奇怪的是，孩子快到十五歲的時候，就會養成每個成年人該有的秩序感。只有到了這個年齡，才能真正地學會以一種既非強迫也非成癖的方式來整理物品，來讓生活變得更便利。每個人都有自己的秩序感，所以要用屬於自己的方式來收拾整理！為此，一個母親才不可以把自己整理的方式強加在孩子身上。每個人在十四歲、十五歲的時候就會找到自己的秩序感。

不過，我再回到「無序」的問題上來。這是不是性格中的一面呢？或是本性中無可救藥的某個組成部分呢？

兩者都不是——這其實是生活方式的問題。大家是否在思想方面也會混亂無序？有些人在思考時非常有條理，可是在實際生活裡卻非常邋遢，而對另一些人來說情況又正好相反。對這一點我無法多說什麼，我也不是很清楚。

還有第三封關於「有序」和「無序」問題的來信，其實更可以看作是對這個問題的一種反思。您看了一眼來信的書寫方式，就說來信者的心態一定很年輕。不過這位來信的聽眾是一位幼兒園的退休教師，她給您帶來了一個案例……

……對，一個很棒的案例。

我想我們會花不少時間來談這個案例。她首先寫道：「無序分兩種，真正的無序是：一個人找東西卻不知道東西究竟放到哪裡了，只找到一半的東西……」她認為這是犯懶、犯傻的壞習慣。

是的。這是內心混亂的外在表現，這樣的人也會因此備受折磨。

另一種情況，就是我們成年人所謂的孩子「無序」的情況，然而這並不是真正的無序。她講了一個當自己還是年輕的幼兒園代課老師時的小故事：我到一所幼兒園代課，他們讓我去帶娃娃班……

年紀最小的班。

也就是年紀兩歲到三歲的孩子。幼兒園園長對我說：「您看，這裡有一些格子櫃。晚上，孩子會把自己的小熊和小桶子放好：一個孩子用一個格子，每個格子放一隻小熊和一個桶子。」到了晚上——孩子有著驚人的直覺，肯定感覺到了什麼——當我要求他們去放好自己的東西時，他們把所有的玩具熊放在一邊，兩個兩個地放在一起，然後所有的小木桶則放在另一邊。於是我問：「你們平時不是這樣收拾的吧？」孩子們回答道：「可是牠們會無聊的！」

「牠們」指的是玩具熊嗎？

是的。

當然啦！

她繼續說：「在我看來孩子們說的完全有道理，我就順著他們這麼做了。於是所有的玩具熊都一對對、面對面地坐著。到了下午四點，園長走進來：『怎麼回事？好習慣怎麼不見了？秩序跑哪兒去了？』我就向她解釋：『因為孩子們覺得小熊會無聊！』這時候園長用擔憂的眼神看著我說：『快去，給我把所有的東西重新放回該放的位置！』我們的老師總結道：『哎！沒辦法，每晚幼兒園小班的孩子都成了感情受到打擊的犧牲品，因為他們被強迫不能對自己的小熊太好。』」

總之，對這位園長而言，物品比孩子重要；可是對孩子來說，他們沒有「物品」這個概念。也就是我曾經對媽媽們所說的：晚上，在孩子睡著之前，或者正要睡著的時候，不要把全部的東西都收拾掉了，因為散放在地上的東西都是「活」的，它們都附屬在孩子的生活範圍裡。剛才說到的故事，對那些孩子而言，玩具熊在他們離開之後還要繼續留在幼兒園裡。上幼兒園就是為了大家能夠在一起，而不是單獨待在一個個的格子櫃裡。在小學的班級裡，我們不知道聽過了多少次「你們分開！不許說話！」這樣的話？當一個孩子正在做作業的時候，他不准對旁邊的孩子說自己寫了什麼。可是一個班級就是為了交流而存在的啊！連玩具熊也不准交流！真是太可怕了！

然而，孩子把玩具熊收拾在一起，難道打亂了什麼秩序嗎？

玩具熊被好好收在一起，就可以了！園長實在太苛刻了！

來信接著寫道：同樣的方式，成年人——比如母親——會認為東西「一團亂」。然而孩子想的卻是：「東西丟滿地的時候才能看得見。」當孩子喜歡什麼東西時，便喜歡看得到它……

是啊。

「……玩具不見了的時候，是最糟糕的事情，因為那就意味著什麼都不存在了。然而，當一個玩具出現的時候，它就是有生命的（您剛才所說的），哪怕這個玩具沒有被孩子拿著玩，也參與了孩子的生活。您知道嗎？每當我在報紙上看到布置兒童房的點子時，都會很反感。」

這不就是我說過關於兒童家具的事嗎？有人回答我說：「照您這樣說，兒童家具豈不是沒人買了嗎？」確實，爸爸打造的箱子很適合給玩具小汽車當做小房子、小車庫。這正是父親的角色：製作一些吸引孩子的家具，方便孩子做收納。不要做得太高，以適合讓孩子自己拿取、收放玩具。

我們繼續談這封信——真的是一個非常有意思的案例：「還是得跟大家、跟對孩子的秩序感這件事過於偏執的人解釋一下——我們的身體不僅僅局限於肌膚內的範圍。以我自己為例，我會有點把自己的書櫃看作是大腦的附件一樣。我很想強調這一點，因為在我年輕的時候總是聽到：『把這些破爛都扔了吧！』假如我聽進去的話，那我就不能像現在這樣，上了些年紀之後還可以在精彩的歷史報刊收藏裡埋頭閱讀了。我總是會責備家長們沒有孰輕孰重的意識。整理東西並不是一件沒得商量最要緊的事情。」她講述了一個從夏令營回家後的孩子的例子：「父母注意到的第一件事情，就是孩子的箱子比出發之前重了很多：『你帶了什麼東西回來啊？』（孩子帶了一些石頭回來，因為夏令營的輔導員是一位地理系的大學生，他知道怎麼讓孩子對石頭產生興趣。）『你留下一、兩顆石頭做紀念就好了，不然你想讓我們拿這些石頭做什麼呢？』於是剩下

的石頭都被扔掉了！」

這麼做就是拒絕尊重一個孩子正在形成的性格。

她還留意到，有時候家長強制要求秩序，是因為自己沒有足夠的想像力：「如果房間裡的小汽車太多了，那就買個玩具小車庫啊！」

或者父親可以用紙箱來造一個小車庫，並且裝飾、油漆一番。這會讓父親覺得很有意思，孩子也會因為爸爸給他的小汽車做了一個車庫而感到非常開心。這樣就不用去買小車庫了。

她接著寫道：「為什麼家長總是抱怨孩子在地上玩呢？地上的面積才最大啊，一個孩子在地上玩很正常。一張成人用的桌子太高了，一張兒童桌子又太小了，這麼不好用，不能拿來做什麼用。」

是啊！假如我們大人也要用一張高到鼻子的桌子去做事的話，我們能做什麼事情嗎？對孩子來說，桌子就相當於鼻子那麼高。

她最後給家長提出了一些實用的建議：「孩子通常都會反對命令這回事。不過孩子卻非常非常容易受到榜樣的影響。你們只需要跟孩子解釋，整理至少能夠讓自己找得到想找的東西，比如給孩子看，針已經穿好線了，這樣就可以縫東西了等等。」

對。給他們看工具應該放在工具盒裡，使用過後再放回去……不過，要讓孩子看到自己的父母就是這麼做的。孩子會這麼做是因為父母也會這麼做。孩子不會立刻就照做，不過時間會證明榜樣的力量。

還有別的要補充的嗎？

這封信非常精彩，應該好好地感謝這位來信的聽眾。

（幾週之後）

關於「有序」和「無序」的思考，不少反對意見的信寄到了我們節目小組。看來有相當多的父母非常關心這個話題……

這個話題還有討論的空間。

確實是。某些人甚至認為您在為「無序」辯護，認為您應該是要為大家指點迷津，並且大聲疾呼：「無序是不好的。」對於這一類的意見我就不多說了。另一些聽眾指出您的一些觀點讓他們感到有些吃驚，於是他們對此向您提出一些明確的問題。

比如，您說孩子應該有一個可以用掛鎖鎖上的地方來放東西，就這個話題，有來信寫道：「我是一位四個孩子的母親，孩子分別是九歲、七歲半、六歲和四歲半。我明白每個孩子都應該有一個屬於自己放東西的地方，不過為什麼您說要鎖上呢？讓孩子知道這些各自放東西的地方是完全開放的，同時還能教會孩子要尊重別人放東西的空間，這樣難道不是更好嗎？」這樣或許可以讓「有序」這件事帶來更重要的意義。

這其實是理想的狀況。可是開門見山地說，要直接就達到理想狀況是極度困難的，因為孩子天性各自不同，尤其是有些孩子會非常羨慕另一個孩子的東西——例如哥哥因為懷念自己的幼年時期，而想要弟弟的東西；或是弟弟以為拿了哥哥的東西，自己就會變成大孩子。所以可能的話，應該幫助孩子用非暴力的方式來保護自我，也就是說採取一種被動防守的辦法。用一個能鎖上的小格櫃，不是用鑰匙鎖，最好是密碼鎖，以免弄丟鑰匙或是被偷，家長可以幫助那個總是被偷的孩子：「你可以用這個辦法保管好對你來說是珍貴的東西。現在你們看著辦好了，互相包容一下吧！」

這位女士說要孩子學會尊重他人的物品是對的，不過的確有一些孩子會被兄弟姊妹們欺負，還會被他們偷走自己的東西……

所以說期望不要過高……

我再補充一句，這個鎖著的櫃子也表示著每個人都可以保護自我，不讓自己在與別人接觸時受到侵犯。有些事情可以允許，但有些就不能允許，這是有象徵性的。當然，一旦孩子長大了，就沒有必要鎖櫃子了。當孩子還小的時候，這麼做是讓他們學會我所說的「被動防守」。

我還沒說完。孩子要明白，當他抱怨另一個孩子拿走了自己的東西時，是為了惹惱媽媽，為了讓大家互罵爭吵，為了讓另一個孩子被罵等等。孩子各自鎖上櫃子的話，這些事情就不會再發生了，這會讓父母很省心，還能讓他們做出尊重自己孩子的榜樣，而不用一天到晚因為孩子的東西被誰動了而讓自己也跟著動氣。因為只要孩子一喊起來，母親就立刻去教訓那個讓他叫起來的孩子時，就像孩子是母親身體的一部分，孩子的叫聲能夠立即啟動母親的反應。在這樣的情況下，孩子不會領悟到是他們自己在面對世界，而弟弟與母親同樣也是他要面對的一部分。母親可以說：「你要保護自己，自己解決問題。」另外母親要做榜樣，第一個去尊重屬於別人的東西，也要包容那些品性並不總是很高尚的人！有許多孩子讓兄弟姊妹過得非常苦惱，還仗著老愛說教的母親會袒護自己：「你們看，他還小，要對他好一點！」「什麼？兄弟姊妹吵架！要彼此相親相愛啊！」這樣不行。還是讓孩子有一個屬於自己的櫃子、抽屜，做「被動防守」，這樣會更合情合理，也會更有效。而且這也是在大人面前，可以讓自己有一個存放小寶貝、日記、紀念品和私房錢的祕密角落……

您曾經說過，到了一定的年齡，孩子才會變得有秩序感，有人對此稍稍有些異議：「我在瑪利亞．蒙特梭利（Maria Montessori）[1]的書裡讀到，孩子對秩序感的敏感時期是在十八個月大到兩歲之間。」這和您提及的年齡不相符……

完全不是這樣的。蒙特梭利女士的這個說法非常有意思。別忘了她是義大利人，義大利家庭裡到處都擠滿了孩子，他們並不知道自己的身體與別人身體的界限在哪裡。孩子全都睡在一起，因為家裡居住的空間太小，孩子都是一大群一起被撫養長大的。

這是文化問題吧。

問題在於要知道其他的人與自己的界限在哪裡。非常真實的情況是，舉個例子吧，每次父母接待成年客人，當客人把他們的外衣放在某個地方的時候（女士的皮包，男士的帽子……），一歲半的孩子一定會去把帽子、拐杖或大衣拿給男客人，把皮包拿給女客人……因為對孩子來說，所有屬於某個人的東西都是他身體的一部分。然而正應該超越這個想法——並非是物品組成了一個人，而是人在遠距離時也能對物品有所掌控，當他不需要某件物品的時候就把東西放著，當他需要這件物品的時候又可以再拿來用。這個概念才是重要的，孩子需要長大一點才能明白這個概念。在十八個月大到兩歲或兩歲又兩、三個月之間的孩子眼裡，所有屬於某個人的東西（比如衣服等等）都會被看作是這個人的一部分。這幾乎是物品崇拜的行為。蒙特梭利女士所說的這個階段，其實指的並不是對秩序敏感的階段，而是對個人空間崇拜的階段。這並不意味著要禁止孩子以這種方式去避免自己的分散感，[2]然而不需要去培養這種習慣。

同樣來自這位聽眾，她的孩子們不會主動整理，然而當大人跟他們解釋需要整理東西的時候，他們是完全有這個能力的……

也就是說有時候需要整理一下。

這個問題的意思是，我們是否可以同時是個「有序」的人，但又不是整理東西的料？或者是知道如何整理東西，但又不那麼井井有條呢？

我們可以有整理的意識但懶得整理。我們會想：「為什麼要整理？不用麻煩了吧。」整理其實等於是要我們花一個小時為物品服務，而在這段時間裡完全可以去做另外一些令人更想做的事情，難道不是嗎？孩子的感覺大概就是這樣的。因此才應該時不時地對孩子說：「哎呀，現在東西太亂了，你們應該整理一下了！」大人只要不沒完沒了地要求孩子「整理……整理你的東西！整理你的東西！」，孩子們是會做得很好的。在家裡，沒有什麼比總是聽到同樣的話更加令人反感的了。既然嘮叨起不了作用，為什麼還要繼續呢？時不時地要求孩子整理一下就可以了，尤其是要有媽媽的幫忙，因為這種做法對孩子很有必要，對保持居家環境的整齊也很有必要。

關於我剛才提到的物品崇拜的問題，我還想再補充一下，孩子隨處擺放東西，對他們來說可能是一種宣示個人地盤的方式，一種把自己的轄區擴充得到處都是的方法。孩子故意把自己的玩具放在父母臥室裡，就是為了表示自己在那兒。孩子想經由玩具這個媒介來宣示自己掌控了這個地方，為了讓自己在家中無處不在。

藉此機會，我也說一下那些把「在我們家」說成「在我家」的孩子，我不知道為什麼家長允許他們這麼說，家長自己在一般的情況下都是說「在家裡」或者「在我們家」。孩子會說「在我家」，是因為他想成為家裡的小主人。

是否應該試著糾正呢？

是的。家長要問一下孩子：「為什麼你說『在我家』呢？你知道的，這裡是在我們家啊！你的房間才是屬於你一個人的（如果孩子有自己的房間的話），你的櫃子也是屬於你的。可是家裡到處是我們大家的，不是你一個人的家。」用詞一定要恰當。當我們想到的時候，不要去訓斥孩子，而要重新把道理說清楚，否則沉默就表示認同：繼續這樣下去，慢慢地，孩子便會徹底擴張自己的佔有慾，接著就會完全不知道自己在需要爭取的東西以及應該得到的東西兩者之間的界限在哪裡了（因為孩子會將父母家裡的一切都當成是屬於自己的）。

還有一些孩子把不再感興趣的東西到處亂放。我已經說過四歲以下的孩子會這樣。孩子一旦對手中的物品不再感興趣便會就地留下，然後又去找別的東西玩。這種無序的情況與另一種想顯示出到處都是自己的領域的情況完全不同。這其實是一種隨便的態度，加上孩子想要什麼很快就會改變心意，於是這兩者造成了孩子不去收拾前面玩過的東西的情況。就像我已經說過的，這就是教育該起作用的時候了：「你看，你現在在玩這個，等你想再玩被你丟開的玩具時，你就玩不了了，因為你把它們隨便擺放。來吧，我們一起把玩具收拾好。」應該要協助孩子，和孩子一起整理，這時候孩子會很開心的。

不過，我再重申：東西是讓我們用的，我們不是在服務東西。

另一封關於秩序問題的來信是這樣的，來信的女聽眾是位祕書，她非常不愛整理，並且什麼都保留著，甚至紙張、小繩子……她寫道：「顯然，這讓我給別人留下很不好的印象。我和大兒子完全相反，他有異乎尋常的癖好——愛整理。他與我之間的關係也有很大的問題。我個人非常捨不得扔東西，可是我又非常缺乏秩序感。有沒有辦法可以改善我與大兒子之間的關係呢？」

我想他們兩個人都有一點相互矛盾的地方。這裡有某些問題我無法回答，這是他們之間的一種相處模式。在母親與兒子之間是要有一些壓力的，即使他們在秩序方面沒有這種緊張的關係，他們也會在別的事情上發現問題的。每個人都是自己該有的樣子，就是這麼回事。

我們以最後一封信來結束關於「無序」的話題。這封信由一個案例開始，我想這個例子您會喜歡的。寫信給您的是一位母親。她寫道：「您曾經說過是孩子一點一點地創造了父母，我完全同意。我小女兒出生的時候，我就有了這個想法：孩子從一開始就是個貨真價實的孩子，然而父母卻不會從第二天起就成為名符其實的父母，這完全是一個進化的過程。」她接著請您談一談「無序」的問題，也許她代表的是特例，但是她提出的問題卻是個普遍的問題。她寫道：「我自己並不是一個在空間上沒有條理的人，不過在時間上倒是很沒有條理，也就是說我完全不能讓自己遵守時間。我有一個四個月大的寶寶，她一餓我就餵她，僅僅是因為我無法做到遵照時間表來餵。很奇怪的是，鬧鐘、手錶、座鐘之類的東西，好像我一碰就會壞掉。我從來沒有按照時間準時餵奶，我在想，這樣會不會對我的寶寶不好。她餓了我就餵她，她髒了我就給她洗澡。我偶爾早上會帶她出門散步，因為這樣下午我就可以做別的事。」她常常聽到一些兒科醫生，還有爺爺奶奶輩的人說，嬰兒需要有規律的作息時間。大家——尤其是爺爺奶奶們——說她在滿足孩子所有需求的同時，完全把孩子慣壞了，就是因為缺乏規律性。她略帶幽默地說，在她看來：「不管怎

樣，女兒目前『超級可愛的正常』」，不過她想請教您，她的態度是否會對孩子的將來造成不良的影響呢？

我覺得這封來信很有意思，因為這位母親在信中表明了大家對當父母只是有一個抽象的概念，並且習慣讓他們的孩子按照時鐘來支配生活。然而，人們根據時間來生活的歷史其實並不長。過去很長一段時間，人類是依據自己的需求以及季節的更替來生活的。可是現在，比如認為孩子每天都要喝果汁，然而在沒有長程運輸的時候，冬天是沒有新鮮水果的。當時並沒有現在媽媽們認為必須要給孩子喝的果汁，可是大家還是好好地活下來了，況且以前的人也沒有那麼缺乏維生素。回到這位母親提出的問題，我想每個孩子都有適合自己的母親，因為就是這個母親孕育了他。這位女士不用為她的孩子擔心。或許她在面對丈夫、朋友和熟人的時候，沒有時間觀念會有些尷尬。比如說，要是她邀請別人中午一點來家裡午餐，然而到了下午三點才做好飯，朋友會說他們剛才那麼餓，可是現在都餓過頭了……我也不知道。不過這個媽媽依照自己的生活節奏與生活方式，在身體裡孕育了寶寶，正常的情況下，這個孩子就是由自己的母親教養的。目前可能會出現非常嚴重的情況是：假如這個孩子去托兒所的話，她的人性化的生活節奏，也就是母親與孩子之間已有的規律性會被打亂並且改變。然而，如果（照一般說法那樣）這個小女孩像「自己父親那邊的種」的話，而且如果父方家族裡的女性在飲食和生活習慣上都很有規律的話，那麼孩子快到兩歲半、三歲的時候，她會用斥責的語氣對母親要求：「媽媽，該出門了。媽媽，我餓了。」這樣慢慢地，母親就會養成新習慣的。既然這位母親已經被自己的寶寶訓練過了，那麼她也同樣可以再被長大一些以後的女兒訓練好的。而且，如果女兒接下來在社會中與人相處時感到不自在的話，她也會幫助母親去重新構建自然形成的生活節奏。人對另外一個人的情感付出可以幫助這個人做出讓步。況且，我認為這位母親已經做得很好了，繼續下去就好了！

奶奶、外婆可以放心了吧：這個孩子不會像大家所說的是個被寵壞的孩子？

這個孩子被寵壞的程度不會甚於自己的母親，更何況她母親看起來並不是一個被寵壞的女人。她依據日出日落有自己的步調，只是和別人的節奏不一樣而已。她的時間沒有被時鐘支配，而是由自己支配。有些人就是這樣子的。應該接受自己的樣子，要明白小狗不會生出小貓的。這位母親沒有培養出不同於自己當初孕育的孩子，而這個孩子習慣了母親的節奏，也覺得這樣挺好的。就目前來看，一切都好。這位女士對自己的孩子有足夠的幽默感與尊重，可以讓她保持自己的節奏，直到孩子必須得按照幼兒園規定的時間來安排自己白天時間的那一天。那一天現在還沒到呢！

1 譯註：瑪利亞·蒙特梭利（Maria Montessori, 1870-1952），義大利第一位女醫學博士、女醫生、幼兒教育家，也是蒙特梭利教育法創始人。她強調「以人為本」的教學理念，提倡以兒童為中心，寓教於樂因材施教，相信兒童的潛能，對知識以及興趣擁有自由選擇權，讓孩子專注自主地學習，提升獨立、自律以及耐心。蒙特梭利通過「混齡」教學，培養孩子友善的態度、互助的精神以及社會互動的能力。

2 譯註：即看到屬於個人的東西分散時有不舒服的感覺。

5 父親不是嬰兒——父親無法溝通的問題

每當我們讀到一些母親的來信，或是一些有關多子女家庭的來信時，信中都很少談到父親。

是的，少到甚至有時候我們都以為家裡沒有父親。

終於有一位父親來信了，詢問關於被他稱之為「父親無法溝通」的問題。他覺得好像常常由於工作的原因，導致做父親的沒有母親那麼容易與自己的孩子接觸。他寫道：「我認為透過肢體的接觸比透過話語的溝通更能讓父親表達自己的愛。」他接著解釋：「我有一個七歲半的兒子和一個六歲的女兒，他們都拒絕我擁抱、撫摸或是親吻他們。有時候他們會邊笑邊躲，看起來好像在

嘲笑我似的。最近一次，是要開車送他們去學校的時候，看著他們親了又親母親，我裝成吃醋的樣子，這時候兒子對我說：『你啊，你沒有權利得到親吻，因為你沒有把我生出來。』」我想這句話給這位父親帶來很大的困擾。

這非常有意思，因為或許還有其他的父親也會有同樣的反應。這位先生給自己製造了現在讓他很受挫的情況，因為一個父親的愛從來都不是藉由肢體接觸表現出來的。當孩子還很小的時候，當然也會有用肢體接觸來表達愛意的時候，有何不可呢？可是很快地，用肢體接觸表達愛意的方式就不應該再出現了，或者是應該盡量減少。父親是那個把手放在孩子肩膀上說：「兒子！」或者「女兒！」的人；是那個把孩子抱在膝蓋上，為他們唱歌，或是給孩子解釋書裡或雜誌上的圖畫，講一些生活裡的故事的人，並且也要解釋一下自己不在家的原因，以及其他的人這樣做或那樣做的原因——由於父親經常在外面，孩子會認為他比母親更認識外面的世界，而母親則更熟悉家裡的事情。我想這位先生在面對自己孩子的時候，讓自己像個渴望親吻的嬰兒一樣，因此孩子才認為這個人在他們的生活裡不重要。

關於父親在孩子出生這件事的責任方面，就像我常說的，當母親跟自己兩、三歲的孩子說他出生之前曾經在媽媽肚子裡的時候，不要忘了補充一句：「不過你之所以在我的肚子裡，是因為你父親很渴望你出生。是他首先想讓你出生的。你希望自己是個男孩（妳希望自己是個女孩）；然而這是需要我和你父親兩個人共同把你孕育出來。」最好說出準確的詞語，像是要說「孕育」孩子，而不是說「做」孩子，[1]否則這個詞語尤其會讓孩子們聯想到排泄或者用手操作以及做出來的東西。

回到這位先生的問題上，他還是可以在自己的孩子面前補救一下自己先前的笨拙：「你們可能以為我需要被擁抱親吻，可是你們搞錯了：我其實是以為你們還太小，沒法讓你們聽懂我講話，也沒法讓你們來跟我講話。從現在起就要改變了，我們可以試著修改一下。要是你們願意的話，我可以帶你們出去看看有意思的事情，我可以帶你們兩個一起或者單獨帶你們其中一個人出去。」（這麼說是因為男孩和女孩感興趣的東西不一樣。）尤其重要的是，做父親的一定要知道並非是透過肢體接觸，而是要用言語交流的方式，才能讓父親得到孩子的愛與尊重。

說到言語溝通，這位父親還順道解釋了一些：「我兒子常常在我們提問時沉默不語。他從來不想說自己在學校做了什麼，既不對他母親說，也不對我說。我女兒比兒子小一歲，她有一些叛逆的舉動，例如會把手臂抬起來——在我眼裡，這是舉起拳頭的方式——只要聽到我們的話語，她

就鬧彆扭。」看來這兩個孩子都不容易接受語言交流。

不是這樣的。而是這兩個做父母的人之間似乎沒有他們私人的對話，不像是相處得好的真正成年伴侶，卻像只是為了自己孩子而活的人。在這個家庭裡似乎有種像是「育嬰房」的生活方式。這兩個孩子看起來幼稚，因為他們還像小寶寶一樣地戲弄自己的父母；而父母則喜歡像小寶寶一樣被親吻。如果夫妻二人到晚上相處的時候，能夠說一些讓彼此感興趣的事情以及白天裡做過的事情，並且要求孩子別吵：「我們說的事如果你們不感興趣的話，就去玩吧！」我認為孩子會明白自己父母成年人的生活裡，孩子不是絕對必要的。這是很重要的。在許多家庭裡，孩子就是王，父母依附著孩子；假如孩子不說自己在學校裡做了什麼，家長便覺得失落受挫。可是，一方面，我已經說過孩子在家裡的時候並不會談論學校的事，在學校的時候也同樣不會說到家裡的事，至少孩子不會應父母的要求而談論什麼的。另一方面，孩子所需要的是，與同學們有著屬於他們自己的同儕生活，同時父母可以給予他們安全感：父母之間有交流對話、有他們自己年齡層的朋友——讓孩子能夠認同、參照父母來長大，而不是父母表現得猶如孩子的同齡同學。

有一個與上一封來信相似的問題。這次是一位女士講述自己的情況：她結婚四年了，二十八

歲，丈夫即將四十一歲，他們的孩子三歲。她寫道：「兒子從一歲起，便嫉妒我丈夫。這造成了令人難以忍受的緊張氛圍，尤其是當我們三個人在一起的時候。我的性格讓我不會去溺愛孩子，也不會對孩子的任性行為讓步。雖然兒子什麼都不缺，卻是被嚴厲管教長大的。可是我這樣做沒有什麼用，因為我丈夫在三十八歲的時候終於得子，所以他對待兒子的方式與我截然不同。他會當著孩子的面批評我對孩子所說的話。現在孩子三歲了，他既不聽我的話也不聽他父親的話，而且孩子還直呼我丈夫的名字，這就更加削弱了他做父親的權威。我想請您告訴我在面對這個孩子的時候我應該怎麼做呢？」她在來信結尾補充道：「我從幾個月前開始照顧另外一個小寶寶，儘管我兒子好像喜歡這個寶寶，可是我覺得這並沒有讓情況好轉。」

在這個家裡，母親扮黑臉，父親扮白臉。尤其是這位父親看起來完全沉迷於孩子的誕生。父親不喜歡被罵，因此把自己放在了被母親責罵的兒子的立場上。我不十分清楚該如何解決這個問題，我認為這位母親應該跟孩子說：「聽好了！他是我的丈夫，你是我的兒子。」然後這位父親也要這麼做：「她是我的妻子。當我跟她在一起的時候，我希望你不要打擾我們，因為等你以後跟你妻子在一起的時候，我也不會去打擾你的。男人之間，我們可以為了彼此這麼做。」這對父母在說到對方的時候應該用**丈夫**、**妻子**這樣的詞，而不僅僅是「爸爸」、「媽媽」。當他們與孩子相處時、跟孩子說到自己配偶的時候，應該用「你父親、你爸爸、你母親、你媽媽、你們的父親、你們的母親」等等。像是「去跟你媽媽說……」而不是「去跟媽媽說」。

這位女士在來信中說，她是用嚴厲管教的方式撫養兒子的。不過對一個還不滿三歲的孩子而言，能採用這種做法嗎？

這種做法具體來說是什麼？

……另外，有其他的聽眾也想請問您對於「現代」育兒方式，也就是指完全放任孩子的教育方式，有什麼看法？

這並非是更「現代」的方式……而是「我才不管」的態度。

那麼「放任不管」與「嚴厲管教」之間的界限在哪裡？

一切都在於如何明智地對孩子說話。某人要是在孩子面前笑話孩子或是取笑孩子對另一個成年人說的話，或是和孩子一起嘲笑其他的成年人，顯示的是這個人既不尊重孩子也不尊重大人。其實這種大人的行為就跟小孩一樣，而真正的孩子卻沒有了自己的位置。把自己放在孩子位置上的父母便不再是榜樣了。我想最好的做法是偶爾白天讓其他的人來照看孩子。這對夫妻應該要重新統一立場才行，否則一家三口當中，總會有一方被排斥，或是被指責。這就是出問題的地方。

您覺得來信的這位女士開始照顧另一個小寶寶，在這個問題上會起什麼作用嗎？

可能會有。可能會讓兒子感到被剝奪了自我的認同對象：不知道自己是否應該去認同[2]大人？也不知道應當去認同哪個大人？也或者應當去認同一個嬰兒？這位父親還像一個青少年時期的大男孩，他覺得如果自己變得嚴肅又權威的話，就會成為女人，因為家裡已經有一個嚴厲的妻子了。這樣的情形對這個小男孩來說實在很不容易，我認為他在尋找屬於自己這個年齡男孩的位置時——也就是說在尋找自己的身分認同，[3]以便真正地成為自己時——會感到有些「茫然失落」。目前，他認同佔上風的那個人：當他父親批評母親行為的時候是父親佔上風，而當他母親批評父親行為的時候又是母親佔上風。

另外，您已經在節目中說過，家長要是在孩子面前相互駁斥對方的話，對孩子是不好的？

是的。但是既然他們是這麼做的，而且已經這麼做了……我們也不能重新再來過。

可是對於那些想要避免這類問題的家長來說，就不應該這麼做了？

是的。如果父母雙方意見不合，重要的是不要在孩子面前表現出來，但是接下來兩個人應該私下談一談。孩子是很難跟兩個不停矛盾爭執的父母相處的。其實，在目前的這個案例中，夫妻二人並非處於矛盾之中：他們其實是想知道孩子到底會聽誰的話。然而一個孩子首先要順應的是他自己，也就是做一些對自己有用且有趣的事情。可是最終對於這個案例裡的小男孩來說，我想他其實感覺很無聊，因為他日常生活中沒什麼有意思的活動。而且，父母親給家裡帶來的氛圍對他而言也很沒有安全感。

還有，一個孩子直呼自己父母的名字或別名，對於孩子的心理結構是非常危險的，因為這麼做是否認了親子關係以及與父母親關係的特殊性。

1 譯註：這裡涉及的是法文的問題。法語動詞裡的「做」（faire），用途十分廣泛，像是「faire un bébé」（「做」小孩就是「孕育」小孩）、「faire pipi」（兒語的「小便」）、「faire caca」（兒語的「大便」）、「faire un gâteau」（「做」蛋糕）等等，因此多爾多才會提醒大人要注意使用的語詞以免讓孩子混淆。

2 譯註：「認同」是指人格發展中對父母、重要他人、理想人物以及自我之言行，產生模仿、再製或價值觀一致的內在心理歷程。「認同作用」一辭源自精神分析學家佛洛伊德（Sigmund Freud）的觀點；他認為人格的組成包括了本我、自我與超我三部分，其中要發展超我則有賴於對父母的認同作用，而將成人的標準與理想內化成為人格的一部分，以減少戀父或戀母情結所產生的困擾，所以這是基於一種防衛性的機制所產生的作用。認同作用是一種心理歷程，也是人格發展中的重要過程，因此在教育上應妥善運用認同作用及引導其認同發展層次，使受教者具有良好與健全的人格。（節錄自國家教育研究院雙語詞彙、學術名詞暨辭書資訊網）

3 譯註：「身分認同」是心理學和社會學的一個概念，指個人對自己身分的肯定，相信自己與所屬群體的成員有同一性，並在思想感情上與成員有所共鳴，認同該群體的信念、價值觀及行為，從而產生歸屬感，並認同自己是該群體的一分子。

6 被動不是美德——害羞的孩子

友善到什麼程度算是過了頭呢？有一位母親來信，她有兩個女兒，一個六個月大，另一個四歲，她寫道：「我曾經是教師，現在完全獻身給了自己的小家庭。大女兒很友善，身心都很健康，可是她常常因為自己的友善而成為『受害者』。比如說，在學校裡被同學打了，她不敢還手，因為她說如果老師看見的話，她會被罵。昨天，一個一歲半的孩子當著我的面狠狠地咬了她好幾次，還抓她、掐她。我女兒哭了，可是卻不願意做出抵抗，她說對方『還太小了』。怎樣才能幫助這個孩子學會自我防衛呢？我們是否應該讓她學習一項運動呢？」

或許可以學學空手道！

是啊！有何不可呢？這位媽媽還說大女兒非常慷慨，她讓別的孩子玩自己的玩具，讓別的孩子在她的房間裡玩耍，可是她常常會覺得失望，窘迫尷尬地待在一旁。

這個孩子以為被動是一種美德。當那個一歲半的寶寶好幾次咬她、抓她、掐她的時候，她本來應該至少或者躲開，或者制止住這個孩子的手臂。我不知道，也許從她很小的時候開始，就以為任由他人對自己做什麼都是好的。她害怕學校的老師，好像這位老師應該要知道一個孩子能夠忍受些什麼。她完全沒有個人的自主性。這位母親應該跟女兒談一談，尤其是應該要跟女兒一起玩——假裝襲擊女兒的遊戲，讓女兒來防禦母親。這樣她就可以教會女兒在不弄傷別人的情況下，如何自我防禦、如何保護小小的自己。要大女兒應該為了自己開心而玩，不是為了陪自己的小妹妹而玩——母親當然要讓姊姊與妹妹一起玩耍，可是當妹妹哭喊的時候，大人尤其不要去責備姊姊，也不要對姊姊說這樣的話：「要體貼一點！」或是：「妳要讓妹妹，她還小！」友善是用來形容泰迪熊的，然而我感覺這個孩子把泰迪熊當成了理想的榜樣，因為當別人攻擊她的時候她是不動的。不過我得說，這樣的事情會發生在曾經過早地被訓練如廁、脫離尿布的孩子身上。會把嬰幼兒的排泄物拿走、不想讓孩子身上有排泄物的媽媽，不知不覺地給孩子培養出一種過分的被動性；或者相反地，會加劇孩子無時無刻的自衛性。根據來信內容看來，這個案例應該屬於第一種情況。

這位母親的確問到關於自己六個月大的孩子：「幾歲應該訓練寶寶控制大小便呢？」

什麼時候開始訓練如廁？對於一個十一、十二個月大就能走路的孩子，不要在十四個月大以前開始訓練。孩子差不多在接近十九、二十個月大的時候，才能夠自己控制大小便，男孩會比女孩稍微晚一些。不過在孩子能控制大小便之前，他們需要去認識、去學、去做許多事情的！像是做一些有肢體爆發力的動作，例如拍球、拿有重量的東西、靈活地用手拿住一些易損傷的物件、掌控自己的肢體能力、做需要體力的事、給蔬菜削皮、操作一些工具（例如使用小刀、剪刀）等等。為一些實用的目的以及玩耍遊戲而掌控肢體機能、力量以及爆發力。然而，我覺得這個案例裡的大女兒恰巧不使用自己的身體來玩耍。至於六個月大的妹妹，她還沒有能力獨立吃飯，也還沒有開始雙手雙腳到處爬，更別說能夠自己控制大小便了。

當您說：「用自己的身體來玩耍」，是否在「遊戲」和「運動」之間有所區別呢？

當然是有區別的。

關於運動，有許多來信都詢問您：「幾歲可以讓孩子開始運動呢？」

當孩子渴望運動的時候就開始。當一個孩子說：「我想踢足球。」媽媽可以回答：「我去找找看有沒有你這個年紀的小足球隊。」不過對於一個敏捷、調皮又喜歡與其他人在一起的男孩而言，不要早於七歲、八歲之前。

所以四歲，還是有點太小了吧？

當然啦！拍皮球跟踢足球可不是同一回事。不過孩子可以從跟其他孩子一起玩耍開始，也可以讓孩子跟自己的父親、母親一起玩的同時，讓孩子融入遊戲當中，教孩子怎麼玩。任何一個孩子，如果只是與母親一個人學說話是學不來的；同樣地，如果只有一個人陪孩子玩，他也是不可能學會用身體來玩的遊戲。這在開始訓練肢體時是可以的，但算不上是「玩耍」，玩耍應該至少要有三個人。孩子是看著自己的父母一起玩（九柱戲[1]、皮球等等）的時候，才能夠學會自己怎麼玩的。肢體動作也是一種語言，孩子經由觀察別人，滿懷渴望、興致勃勃地學習。

不過，回到剛才談到的案例上，我覺得這個小女孩是不具備這種肢體語言的。應該教導她肢體語言，也就是身體語言。這樣一來，她就不會再害怕自己的老師了，她會認為如果因為自己做出防衛而遭到老師責罵的話，老師做了自己應該做的事；同時另一方面，女孩也只是做了自己該做的事而已。這位曾經是教師的母親，一定要讓女兒擺脫在老師面前那種病態的罪惡感。

這裡有兩個小女孩的案例，她們分別是四歲半和兩歲，都很害羞、很敏感——她們的母親對此倒是不擔心，她認為隨著女兒們長大，接觸幼兒園裡的其他孩子以後，這些問題都會改善的。她的問題其實是，大女兒有信任所有人的傾向，尤其在大街上，她會隨便跟著別人走。這位母親描述了一個具體的例子。有一天，她們從郵局出來的時候，有一位路過的太太對孩子說：「跟我來吧？」大女兒便立刻跟著她走了。當下，這位太太又對孩子說：「哎呀，可不能像這樣跟著所有的人走啊！」沒多久，還發生了另外一次類似的事情，讓這位媽媽很擔心，她在想怎麼樣才能讓自己的女兒明白不應該輕信所有的人呢？

我不認為能讓孩子明白這一點。在這個小女孩身上，有可能從妹妹出生時開始，她與母親之間就不再是完全的獨佔關係了。

另外就是，她不敢表示反對。她是個害羞的小女孩，被培養得（或傾向於）對母親過分溫順。我認為這位母親可以透過以下的方式開始做些改變：例如不要立刻強迫孩子接受，不要要求孩子盲目地順從。因為這個小女孩就像失明一樣，盲目地服從自己的媽媽。她隨便跟別人走是因為她養成了一種服從的習慣，完全地依賴自己的母親。她的自主性不夠。這位母親應該幫助女兒，比如每次要給女兒什麼東西的時候，都問一句：「妳想要這個嗎？」這是為了讓孩子可以說「不」，或者讓她可以說出自己想要什麼東西！如果讓她去拿自己想要的東西那就更好了。培養孩子自身的主動性——有可能不同於母親會幫自己與女兒做的選擇或決定。

這位女士第二天又給我們來信，說她忘了提到關於女兒的某件事：在女兒更小的時候，大人帶她去公園玩，她好像總是會被其他孩子的媽媽或奶奶吸引，而比較少被與自己同齡的孩子所吸引。在學校下課活動時，她也總是待在老師身邊，而不想去跟其他的孩子玩。

我一點也不相信「總是」的說法！我想這種情形出現在當這位媽媽懷上小妹妹的時候或是在小妹妹出生的時候——啊！應該還是在這位母親懷孕的時候。孩子可以感覺到自己母親懷孕時「全部身心」都被另外一個孩子所吸引。出於小心，他們面對母親時會保持安靜，同時會尋找另外一位可以對所有孩子付出更多生命力的人。應該是因為這樣。或者，如果她在自己母親懷孕之前就已經有這樣的表現，是因為她跟其他的孩子沒有往來。嬰兒很早就會被其他的嬰兒所吸引，所以還是最好讓他們見見其他的嬰兒，前提當然是，看護嬰兒的人不要過於擔憂，讓嬰兒有一些跟其他小孩玩遊戲的體驗。

這裡有一封來信，可能是以不同的形式表達了同一個問題。我們經常會談論到有兩、三個或四、五個孩子的家庭，可是有人也向您提出要求談一談獨生子女。比如這位母親來信寫道：「我有一個四歲半的獨生女，她讓我和丈夫都感覺到她在盡其所能地延長自己的嬰兒階段。她走到哪裡都帶著一塊小手帕，放在鼻子下聞了又聞。當她跟其他的孩子在一起的時候，只靜靜地待在自己的角落裡，並不會主動去找他們玩。」她提出的具體問題是：「要怎麼做才能幫助獨生子女稍微不那麼黏著自己的父母，同時對別人——尤其是對同齡的孩子——產生興趣，並與他們和睦相處呢？」

這個情況要是沒能早些改善的話，到了孩子四歲半就已經比較難改善了。我得說獨生子女通常都不太幸福。而且讓人印象很深刻的是，當父母親都曾經是獨生子女的時候，他們通常會想多生幾個孩子。而在多子女家庭裡出生的孩子（尤其是老大），則只想要一個孩子，因為從他們的角度，自己經歷過弟弟妹妹的束縛以及做老大的責任。

在孩子群體生活中，有一種成年人無法取代的幸福。我想這個獨生女的父母沒有及時讓她跟其他的孩子一起玩，同時父母自己也不常與其他的成年人來往。當獨生子女與自己父母生活的時候，要是做父母的經常跟其他的父母來往，孩子會開始把自己與父母親的關係轉移到其他的大人身上。如果這些大人也有孩子的話，獨生子女就會跟這些孩子一起玩。可是，這對父母自己表現的就像獨生子女的父母那樣：然而有些父母即使在只能生下一個孩子的情況下，還是可以與他人頻繁來往。我想從孩子還小的時候，這位女士與其他女性就已經有社交上的問題了。其實，所有的孩子從搖籃時期開始就應該與其他的孩子交流——尤其是獨生子女，媽媽是比較有時間的。媽媽自己也應該經常見見朋友，無論對方有沒有小孩，或者至少在家裡養一些寵物：生活中要有交流，有音樂、歌曲，有快樂，也就是要有活動、有活力。不要讓孩子成為父母兩人生命的中心。

她在來信中說自己一直都依照年齡的準則以適齡的方式照顧女兒，可是孩子的父親卻不是這樣。她說：「我丈夫很常照顧女兒，不過他好像太把女兒當作大人來對待了。」她自問是否因此孩子才盡可能地延長時間停滯在嬰兒時期？您認為她的分析有道理嗎？

我不知道。然而我也不認為她是依照年齡來對待女兒的。因為小女孩在四歲半——甚至從三歲起——就喜歡做所有媽媽在家裡做的事情：像是削蔬果皮、鋪床、擦皮鞋、拍打地毯除塵或者用吸塵器吸地板、洗碗、洗衣服、燙衣服……小女孩也喜歡做一些父親使用雙手做的事情。我想這位母親長期以來不知不覺地把女兒當作兩歲或兩歲半的孩子來對待，問題就在於此。也許這對父母以後可以藉由邀請一些小女生和她們的父母來家裡玩的方式，多與其他的成年人來往（如果可以的話，比如下次放假的時候），以此來讓小家庭裡封閉的生活有些變化，這樣也會讓女兒變得不再那麼依賴父母。不過我再重申一下，這種狀態對於四歲半的孩子已經造成了影響，因為從孩子會走路的年紀開始，就應該跟其他的孩子在一起。家長應該用言語支持孩子、溫柔地關注與鼓勵，讓孩子主動、自由地去玩。

所以給所有獨生子女家長的建議就是：為了不讓獨生子女那麼不幸福——依照您剛才所說的獨生子女是不幸福的——就應該讓孩子跟父母親去認識許多朋友，讓孩子留在受邀的朋友家裡，也讓孩子回請這些小朋友來自己家裡玩。在家裡要教導孩子自己解決問題。對孩子來說，沒有什麼事情比被當作父母唯一的重心，這常常是獨生子女會遭遇到的情況，更糟的了？

是的。我們可以喜愛並且照顧一些植物，可能的話也可以養一些家庭寵物。如果住的是高層公寓的話，養狗也許不方便，不過可以養貓、小倉鼠、金魚、金絲雀等等。我所說的「一些」寵物是指可以生育成對的寵物。要是孩子沒有兄弟姊妹的話，家裡應該要有一些可以讓他觀察的動態、關係以及生命。

如果我沒有理解錯的話，您是贊成多子女家庭的？

也不是說有眾多子女。不過對孩子來說，三個小孩是很理想的。當三個夥伴或兄弟姊妹年齡差距不太大的時候，他們是會很快樂的。否則，兩個孩子時，會有互相對立的情形；一個孩子時，就會有獨生子女的問題。一個家庭裡有三個孩子可以組成一個小族群，孩子可以彼此護衛；當家長責備其中一個時，他們會團結起來抵抗——這樣很好，不是嗎？當父母不在身邊的時候，他們聯合一體，兩個人可以保護另一個人，也會有兩個人攻擊另一個人的情況。然而，他們終究已經形成了小小的群體生活。做為獨生子女，獨自在父母以及（外）祖父母的撫育下長大，一點也不快樂。雖然物質生活的壓力會因為只有一個孩子而比較輕鬆，然而孩子的內心是會感到沉重的。

1 譯註：九柱戲，現代保齡球的前身。起源於公元三、四世紀的德國。原本是教會宗教儀式的活動，被視作是歐洲貴族之間一種頗為盛行的高雅遊戲，人們在教堂的走廊裡放置九根柱子，象徵著邪惡，然後用球滾地擊倒柱子，叫做「打魔鬼」。擊倒木柱可以為自己消災、贖罪。直到十二世紀，這項遊戲才成為德國民間普及的運動項目。十七世紀時九柱戲傳入美國，後來加以改良，把九個球瓶改成十個球瓶。現在世界上風行的是十瓶制保齡球，不過在德國還保留著「九柱戲」的玩法，被稱為德式保齡球。

7 管好自己的手——談偷竊

對於家長們來說，孩子偷竊是個大問題。一位母親有三個年齡相近的孩子：一個七歲的兒子，兩個女兒分別是六歲和四歲。她來信寫道：「大兒子學習很好，在學校的表現也很好。在家裡很懂事，可是他卻開始偷東西。比如偷學校的彩色筆、奶奶家的電池、同學家裡的原子筆。當我問他為什麼這麼做的時候，他回答：『因為很好看，又很新。』」最後她問：「如何能夠在不把事情鬧大的情況下解決這個問題呢？」

我認為對於七歲的孩子，很難不把事情弄大。我希望稍微全面一些地回答這位女士的問題。她還有兩個女兒，其中一個比哥哥小一歲。她很可能，即使是不自覺地，會把老大和老二看作是雙胞兄妹——也許兄妹倆自己也是這麼認為的。只比妹妹大一歲的哥哥，對性別差異的意識一定來得比較晚，因為孩子大約是在三歲左右開始發現性別差異。當這個男孩一歲的時候，有可能大家都非常喜歡他的妹妹，那個「新生兒」。當時這個男孩容忍下來了，可是現在卻需要做出反應，他需要「好看的、新的」東西來讓自己感到更受到重視，他想比妹妹更好看、更重要。然而七歲，應該是已經知道群體生活的年紀，偷竊行為就變得嚴重了。這位女士沒有對我們說她是否跟孩子的父親談過這個問題。總之，不管有沒有，我認為都應該帶著孩子去歸還偷來的東西。也許孩子到時候會躲在母親身後，還是要帶著孩子一起去。母親不要在學校老師面前、被偷的孩子家人面前，或奶奶外婆面前過分地羞辱孩子，而是要對孩子解釋：「你應該和我一起把這些東西還給人家，因為你的手做了一件你這個聰明男孩的頭腦不應該去做的事情。你還小的時候，看到妹妹沒有『小雞雞』，她很漂亮，我們都很喜歡她。也許你曾經覺得自己沒有她好看。不過現在你應該感覺到你不可以也不應該拿別人的東西。假如別人拿了你的東西，你也不會高興的。」對孩子而言，另一個重要且見效的事，是對他們說：「聽好了！要是有人敲門，來了個警察說：『太太，我剛剛逮捕了您的丈夫，因為他是小偷』，或者『太太，我來逮捕您，因為您是小偷』，你會怎麼想呢？你會覺得很羞恥。那麼，我做為你的媽媽（或者你的爸爸），我（或我們）也會因為家裡有個做壞事的家人而感到羞恥。你已經不小了，一定要改正過來，要管好自己的手，當你想偷東西的時候，就把手放到自己的背後。不久之後你就可以對我說：『媽媽，我戰勝了想偷拿東西的手了！』所以，還是應該稍微把事情『鬧大』一下」。

另一方面，一個小孩子能夠分得清「拿」與「偷」的區別嗎？

完全分不清。

兩、三歲的孩子去超市時，常常會在超市裡面用手拿所有自己搆得到的東西。這沒關係。可是這時候是否就應該試著讓孩子了解自己不應該隨便拿東西呢？

從孩子很小的時候開始，就有必要認真對待這件事情。不要扇孩子耳光（永遠都不應該羞辱孩子），而是要打一下偷拿東西的那隻手說：「我敢肯定，你又被自己的手給矇騙過去了，就像小狗的嘴見到東西就咬一樣，你讓自己的手什麼東西都拿。不要再讓手這麼做了！女生、男生都要管好自己的手。」然後再把東西還回去。就算還東西這件事情會讓母親很難為情，她還是必須這麼做。

這裡有另一封來信，信的開場白寫得很好，是關於對待孩子通常應該抱持的態度。來信的女士寫道：「重要的是要有這樣的觀念：那就是孩子不是屬於我們的，孩子是屬於社會的，在未來的十多年裡孩子將成為社會的一分子，一個獨立自主的孩子，培養得尊重自己也尊重他人，就會很快地樹立起對世界的責任感。」她請問您是怎麼看尼爾教育法[1]的？他的觀點似乎在於去補償偷東西的孩子，因為孩子不快樂才會偷竊，所以要用補償的方式來讓孩子知道我們愛他。這與您所說的觀點相去甚遠。

我想這個教育方法主要目的，在於能夠讓家長三思偷竊行為是對某種缺乏的補償。然而，我們總是會缺東少西的啊！

另外，就算孩子偷東西，也要讓孩子感受到自己是被愛的，這當然是很好的，沒有比這更好的了：正因為有愛，孩子才會慢慢適應成年人的生活與律法。畢竟一個偷東西的孩子通常也是不喜歡自己被偷的。（個別案例除外——對有些孩子來說，自己的東西被別人拿走了也完全無所謂。這些孩子並不知道自己是在偷東西，因為當別人拿走自己東西的時候，他們也是高興的。這樣的話，是做媽媽的會不高興，因為自己孩子的書包、本子都不見了。）不過，從一個孩子有「個人所有權」意識的那一刻起——通常是在四歲——我們就可以規定禁止孩子偷東西了。同時應該省思一下：我認為首先應該冷靜地跟孩子解釋交換的法則；之後如果孩子偷東西的時候，大人再以生氣，而不是透過補償孩子的方式，來教育孩子。當然，要讓孩子感受到正是因為大人愛他，所以才想教育他，讓他好好長大成人，無論他是什麼年紀，都應該和所有人一樣遵守律法。

到目前為止，我們還沒有討論到孩子的年齡。這裡有一個具體的案例，一個即將滿十四歲的男孩，從好幾年前就表現出了偷竊的慾望。他的母親來信寫道：「我和他爸爸都跟他解釋過，拿別人的東西就叫作偷竊，是不好的行為，而且要是他繼續這樣下去的話甚至可能會有危險，可是並沒有起任何作用。我很害怕他改不掉這個習慣。」她補充說兒子是獨生子，在家裡沒有什麼問題。

沒有問題嗎？孩子會不會實際去做些具體的事情呢？他會不會使用自己的技能來做事？會不會動手製做、修理東西？他勤快嗎？

這個孩子會經很早熟……

在語言和思考能力方面或許是的，可是這種需要一次又一次地偷竊……當然，孩子學會語言就相當於是把詞語佔為己有。在學校裡，他也經由「拿取」他人找到的答案來學習。不過到了一定年齡的時候，他會開始靠自己的雙手去發掘、尋找、建構並實踐。到時候，孩子本身變得能幹、勤奮，就不會再試圖竊取了。

信中提到的這個男孩，雖然體型方面看起來像少男，可是在心理方面還停留在幼兒階段，缺乏思考能力，也沒有主動的能力。

就是這樣！

不過，他在八歲的時候完全不是這樣的，那時候他總是班上第一名，信裡還說到他以前很有發明的頭腦。

所以他以前並沒有成為小偷的傾向，而是在八歲的時候出現了成長倒退。他的家庭裡一定發生了什麼事情，使得他不以成為一個有責任感的男孩而感到自豪，也失去了維護自己名譽與尊嚴的意識。或許是他和父親的關係出了問題，也或許是他父母之間的關係出現了問題。

她的確寫道：「在我這方面，跟丈夫有很大的問題……」

是嗎？

「……但也不至於因為這樣讓我的孩子出現類似的態度啊……」

當然會啊！

「……要不然就是我對這些完全不能理解。」

問題其實就在這裡！自從母親忍受不了自己的丈夫開始，男孩便意識到自己想成為像父親一樣的男人的這份尊嚴被奪走了。父母需要明白這些問題會導致孩子將來出現道德危機。首先，父母要讓孩子知道家裡發生的事情，即使她與丈夫之間有問題，母親還是要讓兒子感受到自己的父親對社會依然是有價值的人；即使她對做丈夫的頗有微詞，丈夫仍然是個能夠讓孩子認同並且信任的父親。總之，我認為男孩在這個有問題的家庭裡感到煩悶，因為母親抱怨父親，所以他需要與這對水火不容的夫妻分開來，到寄宿學校去。

如果這位母親愛兒子，就應該改變自己對兒子的態度。為了協助孩子準備離開家庭，如果在他們居住的地區有提供心理治療的話，孩子或許需要接受心理治療。我這樣建議是因為依我看來這個孩子的狀況非常不好：八歲以前，他既用功又聰明；現在，他很被動，而且變得狡猾，想要輕而易舉地把自己想要的東西弄到手。他不以自己為榮，也不交朋友。這位母親所說的一切都顯示這個孩子生活得很被動，就像是母親的泰迪熊似的，而母親又當著孩子的面貶低孩子的父親。這麼做只會讓孩子感到憂鬱消沉；他的偷竊行為是對家庭感到傷心的一種補償。在孩子還沒有成熟的這個年紀，他還是有可能被好好管教的。只需要管好自己不用操心別的事情，並且在同齡友誼之中得到關懷，就可以重新運用自己的聰明才智來獲得成功。我見過類似的情況，讓在成長中受阻的青少年與父母分開，可以促使夫妻和好。至少可以讓長子長女不再因為父母感情上的失敗而受到心靈上的損害，也就不會給家裡其他的孩子造成傷害。目前，這位母親很苦惱，而且在父親那裡掩飾兒子偷竊的事。這樣的偷竊行為已經持續好幾年了，她卻從來沒有要求孩子把偷來的東西還回去，她是幫兇……可惜！就像很多母親一樣只在口頭上說教，實際上卻放任孩子。

我再重申一次，這位十四歲的男孩正遭受著道德危機，甚至或許已經身陷困境。如果這個孩子既不接受寄宿學校，也不接受心理治療的話，那就應該是母親去做心理諮詢，以轉變自己的教育態度，並讓夫妻兩人從死胡同裡走出來。

1 譯註：亞歷山大．薩瑟蘭．尼爾（Alexander Sutherland Neill, 1883-1973），蘇格蘭著名教育家、兒童心理學家，提倡自由教育思想，深信兒童生來就是明智又實際的。一九二一年創辦國際實驗學校「夏山學校」（Summerhill School）雛形。學校的原則在致力培養健康快樂的兒童，認為孩子本性是良善的；所謂的「問題兒童」就是不自由的孩子，源於不當的教育與對待方式。尼爾以「問題兒童」為主要的研究對象，剖析問題的成因，尋求康復的途徑；認為偷竊或說謊等等的行為應該被理解為症狀，極力倡導創造性，鼓勵自由表達，反對懲罰。

8 知道東西價格的權利——談零用錢

這裡有一封來信，主題是我們在節目中從未談論過的話題——零用錢。有位母親在給您的信中寫道，她來自一個多子女的家庭，小的時候，家裡「經濟拮据」。她可以定期拿到一點零用錢，並用這些錢支付自己的全部開銷，於是她就得管理好自己的零用金。她的丈夫呢，在童年時期，每週都會收到一小筆錢花用，並且總是要向父母匯報自己買了什麼東西。她在信裡詳細解說道：「結果是，我丈夫的理財能力不好，可是消費慾望卻很高，渴望給自己買很多東西；一旦他買到了想要的東西，就會為此高興得不得了。而我剛好相反，無論是哪一種消費慾望，全都被我給抑制下來了，讓我不知道該如何才能有夢想了。」她又向您提出了下面這個問題：「我們想要讓孩子很早就培養出金錢觀念。我們跟他們說生活所需要的費用是很貴的，還會和他們談缺錢的問題；我們跟他們說要工作才能掙錢，並且需要付出很多努力。孩子想要的東西我們並不會都買給他們。不過，這樣一來，我們會不會讓孩子變得過於理性、過於現實主義，最後導致孩子不再有任何有夢想了呢？」

這個案例說到了許多問題。這位女士曾經生活在一個「拮据」的家庭，也就是說她與拮据的父母生活在一起。有可能是她的父母當時不敢讓自己去幻想假如有錢他們會去做什麼，所以，這位女士對生活就沒有了想像力。結果這個家裡的所有人都同樣備受經濟困頓的折磨。來信的女士領悟到錢是非常珍貴的，當她有零用錢的時候，便學會了如何管理金錢。可是在她還小的時候，當媽媽帶著她路過商店時，實在可以讓自己也去幻想一下想買的東西！當她們望著商店櫥窗時，本來可以玩一個想像給別人送禮物的遊戲，比如說：「媽媽妳看！我送妳這把漂亮的雨傘。我送妳這個漂亮的包包。如果我有錢、如果我們有錢的話，我就給爸爸買這條好看的領帶……」用「如果」這個詞就可以提出一個假設的前提，還可以透過傳達愛意的禮物來玩遊戲，這樣就可以玩得很開心！大人可以透過這樣的方式，來幫助孩子保有對生活的想像力。

關於這位女士的丈夫，小時候雖然收到零用錢，然而總是必須匯報買了什麼東西，事實上他並沒有真正收到過這些錢。當我說一個孩子可以收到父母給的零用錢（也就是在一個習慣會給孩子零用錢的家庭裡），我想說的是孩子如同父母一樣，可以擁有一些適量、僅屬於自己享受的零用錢。像是，當父母親其中一方高興的時候，比如做貿易的人做成了一筆生意，或者是在創作領域工作的人完成了某件作品等等，就可以對孩子說：「你看！我今天對自己很滿意！」然後以給每個孩子一枚硬幣的方式來表達自己的喜悅。這會讓孩子很高興，因為孩子會明白原來金錢代表的是一種爸爸（或媽媽）賺來的能力，父母以自己的方式以及生活水準來跟孩子分享。大人之後可以問孩子：「你會用這些錢買什麼呢？」於是，孩子就能夠去想像自己可以用這枚某天爸爸開心時給他的硬幣去買些什麼東西。

當我們想教會孩子金錢的價值時，可以告訴孩子東西的價格以及每個月的開支預算，而不是說：「生活費用很高的，要工作才能掙到錢。」不要只用一些形容詞和副詞！完全不應該這麼做。而是應該讓孩子知道麵包的價格和餐桌上吃的肉類、蔬菜等的價格，也要讓孩子知道自己衣服是多少錢，還有類似的衣服大概會花多少錢，以及讓孩子知道自己入學需要的開支是多少。每個孩子從六、七歲起就應該知道這些以及許多其他東西的價格。當孩子需要一個橡皮擦的時候，大人可以跟他解釋：「你看這個，這是多少錢的橡皮擦。」買鉛筆時，可以對孩子說：「我們還是給你買一支好鉛筆吧。你要小心使用，削鉛筆的時候要多留意，這樣可以使用得久一點。我們也可以給你買支便宜的鉛筆，可是它們太難看了。」或者在孩子要求給他買開學用品時，對孩子說：「這筆錢讓你自己去買所有的開學用品，我們來看看你用這筆錢可以買些什麼。」然後大人和孩子一起，在買東西之前計算一下——就像成年人做事的方式一樣。大人以這樣具體的方式來告訴孩子錢是什麼，並且從消費性以及實用性的實際物品開始談論，同時也可以談一談娛樂性的消費。不過只有在孩子知道父親賺多少錢、家庭開支是多少的情況下，前面說的這些才會有實際意義。

另外，當孩子有自己零用錢的時候，大人要建議孩子弄清楚自己的錢花在哪裡。因為有些孩子每週收到一筆錢，卻不知道這筆錢到底用在什麼地方，錢就這樣花掉了。大人可以跟孩子解釋：「要是你有在算賬的話，你就會發現自己這三、四個星期花在沒用的東西或買糖果的錢，本來可以讓自己今天買到想買的東西。」像這樣舉一些具體的例子，而不用說些形容詞或大道理……

用具體又實際的方式跟孩子說。並不會妨礙孩子有夢想。

完全不會的，只要我們用到「如果」這個詞就行了。在我們關係往來的生活中有現實，也有夢想——金錢就是一個現實——金錢讓人可以有夢想的空間。有了一小筆零用錢，孩子就能說：「我可以買這個。」家長可以提醒孩子：「別著急去買，因為明天你可能又會想買別的東西。」結果就是，孩子在節約的過程中（孩子會學著去節約），既學會了去夢想，也會發現渴望其實是會消退的。有時候我們需要實現願望，有時候願望也會消失，然後我們又想要別的東西了。孩子於是會想：「還好我沒有馬上去買我要的那個東西，因為現在我想要的是另外一個東西了！」關於這一點，每週都收到零用錢的孩子從十二、十三歲起就會明白了。孩子明白如果自己不要衝動地花掉零用錢時，他就是掌控金錢所賦予的權力的主人——因為不應該由錢來支配我們，而是要知道如何支配金錢來做有用的事情。假如孩子做到了，他會想：「花錢得到這個實在很值得！」否則，家長可以讓孩子知道：「你看吧，你剛才想要這個，現在沒錢了。你的錢都花光了。」

另外，也有象徵性的生活。可惜的是，金錢也是一種權力的象徵。多麼強大的力量啊！讓人們眼裡只有錢，不是嗎？家長可以跟孩子說明：「儘管你父親賺的錢比鄰居先生少，可是你父親在我眼中更有價值。重要的是要明白，在我們家，價值不只體現在金錢上。」

這樣可以幫助孩子同時了解金錢的象徵價值、金錢的實際價值，以及金錢在想像中的價值——由**如果**一詞帶來的想像價值……

還是關於零用錢的問題。有位母親因為發生了一件令她驚訝的事情，於是向您提出了一個問題——這個問題呼應了我們之前提到的事情。她有兩個女兒，分別是十三歲和九歲，還有一個八歲的兒子。有一天，她與丈夫出門短期旅行，把孩子們留給奶奶帶。等他們回來後，她發現總是放在家裡顯眼處的錢包裡少了兩百六十法郎。她感到極度失望，寫道：「我當時真的想哭。我沒有打他們。我沒有辦法出手打孩子，我沒有做出任何反應。我試著跟他們解釋，可是您認為這個年齡的孩子能夠了解金錢的價值、知道金錢所代表的是他們父親的工作嗎？」這個問題又把我們帶回到了零用錢的話題上：如果有零用錢是否可以避免發生這類不愉快的事情呢？

其實，這並不僅僅是零用錢的問題，而是廣義的金錢問題。

錢的問題？

是的。有意思的是，這位女士不知道自己的孩子在這個年紀能否知道錢的價值。她是讓自己的孩子生活在怎樣的想像世界啊？這些孩子在某種意義上已經有不適合社會生活的現象。

因為孩子從五、六歲開始，要是還不知道錢的價值的話，就無法適應社會生活了。我認為這個家庭裡所有的事情都需要重新解釋，比如父親賺多少錢、生活必需品的費用，還有其他東西的開銷。只有當孩子理解了這些，大人才可以把家裡的錢包放在所有人都知道的地方。在此之前不行。

我補充一下，是兩個最小的孩子——八歲和九歲——把錢偷走了。

在我們的社會裡，孩子無論如何都會看到別的孩子有錢。我不知道這是好還是不好，對此我沒有意見。這是依據每個家庭而不同的。不過令人吃驚的是，這些孩子完全不知道金錢代表什麼、他們父親賺多少錢、他們的衣服花多少錢、一頓飯要多少錢，或許連一顆糖或者一塊麵包得花多少錢都不知道。

現在他們知道了，因為他們用了這筆錢去買東西。

他們是知道了一點點，可是在日常生活中還沒有習慣談到金錢。這個放在顯眼處的錢包不就像是給孩子送上門來的嗎？我再重申一次，給孩子零用錢的好處，正是在於能夠比較早讓孩子至少每個星期都可以有自己的娛樂開支。孩子可以知道，當他想要什麼東西的時候（孩子想要的東西可多著呢！），他可以說出自己想要的東西，並非只是為了讓自己把這個東西弄到手，而是為了說一說想要的東西是什麼，因為這也是交流的話題啊！有渴望就表示有生命力，不過這些願望並非總是能實現的。了解這些就能夠對生活有責任感。

不要忘了，僅僅在四十年前，一個十二歲的孩子（除非是資產階級家庭裡的孩子）是需要工作，把賺來的錢交給父母補貼家用。儘管今天已經不同以往，然而還是很少會見到一個十三歲的孩子不曾依據自己零用錢的數目（也就是指給他花在消遣活動上的開支），來約束自己的愛好和慾望。其實，零用錢也給予孩子知道要節省的權利，比如要是孩子想要一件很貴的東西，他就知道得節省一、兩個星期，甚至三個星期以上的零用錢才能夠買得到。同時也可以把自己想買什麼東西這件事情說出來。

現在，概括來說，我覺得撫養孩子應該要大致同等於他們周圍孩子們的水平，否則我們可能會讓孩子生活在一個邊緣化的世界中。來信的三個孩子的家長要是能夠與學校裡其他的學生家長聊一聊的話會更好。既然有學生家長的團體，他們就可以談論這個問題，然後相互了解一下其他的人是怎麼做的。或者他們可以分別問一問自己的孩子：「某某同學，他有零用錢嗎？你呢，你有多少零用錢呢？」父母親要把這個問題提出來討論。我肯定他們的孩子甚至不敢對父母談這件事情。因此，這些從來沒有拿過錢的孩子才會偷了這麼一大筆錢。反過來說，我也不認為給孩子太多零用錢是件好事，因為孩子會不知道該怎麼用這些錢，會去買一些毫無用處的東西。再說一次，應該做的是具體談一談錢的價值，來幫助孩子理解金錢的價值。金錢是一個至關重要的經驗領域，透過對金錢的了解可以讓孩子適應社會生活。

9 大家開心在一起，每個人都有自己的位置

有一位父親，有兩個孩子，分別是三歲和兩個半月，他就兩個很具體的問題徵求您的建議。他與妻子之間因為孩子吃飯的問題產生了一些小摩擦：大兒子坐在餐桌前常常拒絕吃飯，因為他想玩耍或者想在家裡走來走去。母親對這種情形非常的擔憂，父親在信中寫道：「當妻子看到孩子什麼都沒有吃的時候，就會無比煩惱。對我來說，我則傾向由著孩子，我覺得這件事情不太嚴重。畢竟我自己就是這麼被養大的：以前我不餓的時候就不吃，然後下一頓飯就會吃得多一些。」我想我們已經可以回答這個問題了：對一個三歲的孩子來說，按時吃飯重要嗎？

完全不重要！最重要的是要在愉悅的氛圍下吃飯。換句話說，父母自己在餐桌上要開心，

同時父母用餐的時候享用自己喜歡的東西。至於孩子餓的話，他就會吃；如果他不吃，父母可以對他說：「你做得對，如果不餓的話，就不要吃了。」其實也許並不是他不餓，而是他更想去玩。通常來講，孩子三歲的時候就是這樣的。不過，孩子會一頓飯吃得多，一頓飯吃得少，這完全不重要。你們知道，人類規律地吃飯這個概念是很晚才出現的，在到達社交生活的年齡之前，是沒有必要定時吃飯的。孩子差不多到七歲的時候，才會自我調整，按照規律來生活，無論是在飲食還是其他需求上都是這樣。七歲之前，按時吃飯是毫無用處的；之後，按時吃飯會比較方便。總之，沒有必要一定要按時吃飯。

也就是說，假如孩子很適應定時吃飯，那很好；否則，也沒什麼關係，孩子可以在餓了的時候才吃飯？

可以，只要在孩子要求的時候給他吃點「零食」壓餓——其實孩子從來都不會讓自己餓死的，然而卻會因為被強迫吃飯而沒了胃口。尤其是我再重申這一點，這對所有的人都好，就是，用餐時刻對父母來說應該是輕鬆又愉快的。因此，這位母親應該要放棄這樣的態度，不要再破壞自己與丈夫吃飯的氣氛，也不要破壞自己孩子生活的快樂。況且，三歲的時候，孩子通常最喜歡的是早餐和下午的點心。晚上孩子幾乎不吃。父母尤其不要因此小題大做。這位父親說得對：他就是這樣被養大的，不是也好好地長成男人了嗎？他應該要協助妻子來接受孩子的生活節奏，而不要藉題發揮來證明家長的權威。否則就好像母親的胃長在自己兒子的身上！

這位父親接下來還寫到，三歲兒子的這些問題是從小兒子出生後才開始出現的，現在小兒子兩個半月大，幫大兒子穿衣服、脫衣服的時候變得特別讓人頭痛。然而，尤其困難的是要求大兒子上床睡覺，因為孩子想跟父母同時上床睡覺，可是父母要到晚上十一點左右才睡。這位父親寫道：「我妻子試著在晚上八點、八點半左右讓大兒子去睡覺，但非常困難。她偶爾能做到，可是條件是她必須躺在大兒子旁邊才行。」

他們的做法完全走偏了。三歲的孩子，已經不再需要媽媽哄他睡覺了。大人只需要不去打擾孩子，讓孩子準備去睡覺：洗好臉、穿上睡衣（針織睡衣或睡袍都行），並且孩子要在某個由父親決定好的時間開始，就不能去打擾父母了。孩子可以在自己的房間裡玩，或者想睡覺的時候再去睡，但是不能再去打擾自己的父母，也不能弄出噪音。這些應該由父親來解決。

這位父親問：「自從弟弟出生以後，也許他需要從我們這裡得到更多的照顧？」

肯定是的，不過他需要的照顧既不像照顧一個小寶寶那樣，也不像照顧一個大男人那樣。他所需要的是，父母對待他像對待一個能夠自己回房睡覺的大男孩一樣——這個我已經說過好多次了。如果他不想太早上床睡覺，父親可以跟兒子玩一會兒，比如玩一玩多米諾骨牌，這個遊戲很不錯，或者是玩一下拼圖，或者是看插圖講故事。父親在自己規定的時間——比如九點或九點一刻，依據孩子和父母而定——要求孩子回自己的房間：「現在遊戲結束啦，你讓我和我太太清靜一下。你想睡的時候就睡，要是你還不累，就再玩一下。不過我們需要安靜，不然我就生氣了。」

現在，他的小弟弟出生兩個半月了。有可能做父母的曾經說過寶寶會是個小妹妹（當家中第一個孩子是男孩時，父母親常常會這麼以為），或是父母曾因為第二胎也是個男孩而感到過失望。[1]於是做哥哥的便不理解無所不能的父母怎麼接受了這個意料之外的寶寶。在這種情況下，父親可以對大兒子解釋這是由生命而非由父母決定的。當寶寶被孕育出來的時候，是他自己想要成為男孩的，他父親和他弟弟也是一樣。他是大兒子，弟弟是小兒子，他們兩個不可能一樣，也不可能有相同的生活節奏。他馬上就要去幼兒園了，還會交到朋友。他的小弟弟不需要他，小弟弟只知道在尿片裡大小便、哭和吃奶而已。

這些應該由父親來跟大兒子講清楚，因為大兒子到了認同父親的年紀了。他需要父親來照顧他，告訴他怎麼自己洗臉洗澡、怎麼自己穿衣服、怎麼像個大孩子一樣自己去睡覺。因為大兒子同時會想認同媽媽或者弟弟。簡言之，他不知道到底怎樣才好：是要認同哪個成年人——哪個性別的成年人——還是要去認同一個小寶寶；是要扮演對妻子專橫的丈夫，抑或是退回當小寶寶。於是，他設法讓母親操心，以便與總是需要媽媽餵奶、穿衣服、脫衣服、換尿布的小寶寶來競爭，並且透過要求媽媽與自己一起睡覺的方式來與父親抗衡。

這裡有一封可愛的來信，講的是在一個有五個孩子的家庭裡發生的事。來信女士寫道：「我們從三年前開始在一個農場裡過日子，生活完全自給自足。對我們來說，孩子的教育是最重要的，同樣我們也很看重父親在教育當中的作用。父親不再像在城市生活裡那樣被看作是賺錢的機器，而是會參與孩子們的生活。通常許多家長往往會抱持著過於懷疑的態度對待孩子，幾乎與孩子處於敵對關係，試著對抗孩子的錯誤並且不讓自己『落入他們的圈套』裡。結果孩子們會覺得父母在反對他們。另外，我們也可以看到有許多父母，尤其是在有文化修養的家庭中，隨時準備為自己的孩子服務，好像孩子是國王一樣。而在我們農場裡，家人盡量團結在一起，這其中包含了嚴格要求家庭裡每一個成員，以使我們彼此理解、相互幫助，也相互尊重。比如：家人是允許說髒話的，除非打擾到了他人（比如祖父母、來訪者等等），或者是侮辱到他人時就不行（然而如果不小心搥痛手指的時候，想說幾次粗話都可以，但是絕不准罵對方『閉上你的狗嘴！』或『渾蛋！』）。至於性教育，自然而然地就是藉由觀察動物之間本能的性行為（公羊與母羊、公雞與母雞等等），來對比自己父母親之間的關係以及彼此的尊重。」

聽眾會以為是在聽您發表意見呢。

這封信接著講述了這家人每天的生活。他們很幸運，雖然這些老舊的農場大房子並不太舒適，然而有足夠的空間接待許多非常不一樣的人，既有年輕人，也有祖父母或是祖父母的朋友們。孩子們的年齡從兩歲到十一歲不等，大兒子上國一，老二、老三、老四上的則是村裡的小學，那裡只有十二個學生——啊！假如所有的學校都像這樣，那就太棒了！在鄉下，所做的一切努力都是為了活下去；每個人，無論小孩還是大人，依照著自己的年齡與能力參與工作。而家務事則沒有「輪流」這回事：每個人各自選擇當天要做的事情（像是掃地、洗碗等等）。孩子們每週兩天看守牲畜，他們可以自己選擇要跟誰一組，兩人交替看守。另外兩個不去照看牲畜的孩子就幫他們送午餐。這位女士寫道：「我還無法預想孩子們的青春期會是什麼樣子，但是我相信在他們很小的時候就培養出了符合他們年齡的責任感，會讓孩子們用一種對事情客觀且認真的視角去對待生活。請您相信，儘管農場工作不少，但是孩子們還有時間蓋小棚屋，或是在樹木之間架設一些空中索道。」這就是她所說的「謙遜的」實例；而我要說這個實例真是「太精彩」了！謝謝這位聽眾的來信。

有位十歲的小女孩，給父母帶來不少問題。父母覺得女兒正經歷著一個糟糕的時期。她對什麼都不滿，總是發牢騷，唉聲嘆氣地喃喃低語。吃飯常常都是在哭聲中度過。母親解釋說，這一切都是從她與丈夫出門度假回來以後開始的，當時他們把女兒留在外婆家。她自問孩子的態度是不是一種想引起他們注意的做法，還有希望能得到一點關愛。然而這段假期其實很短，只有八天而已。

這個小女孩的態度來自於父母離開的那一段時間裡感受到的孤獨感、疏離感以及欠缺感，或許這是小女孩第一次感受到這些。不過並不是為了引起家長的注意。

另一方面，這個孩子很小的時候身體就有問題。因為相當嚴重的斜視問題讓她在一歲半、三歲半和六歲時動過手術。另外在她四歲的時候，得過很嚴重的牛皮癬，最近兩年以來又週期性地復發。母親還強調孩子的奶奶比較喜歡十三歲的哥哥。她寫道：「我女兒態度的轉變發生在差不多

六個月前。您認為這可能是宣布她進入青春期了嗎？因為她常說自己肚子疼，可是我不知道這是她在裝疼還是真的疼。她的胸部也稍微長大了一些。您能不能解釋一下，在性格方面，青春期會是如何演進的呢？」

這裡有好幾個問題。一部分是針對這個小女孩個人的問題，另一部分是如何讓一個小女孩準備好進入青春期普遍的問題。

我覺得這個小女孩的眼疾問題對她影響很深。假如母親能跟孩子解釋一下，可能會對孩子有所幫助：她很小的時候就受過與家人分離的痛苦（即住院），還受過身處黑暗的煎熬（在眼疾手術後接下來的幾天會是這樣）。由於她眼睛的緣故，也許在六歲以前，她都認為自己不好看。當一個孩子要做眼睛手術時，父母常會對孩子說動手術是為了讓孩子更好看。這其實並不對——眼睛的一個小缺陷並不影響美觀——可是孩子卻相信有影響。另外還有可能，就像這位母親所說的，因為奶奶對哥哥的的偏愛，讓這個小女孩感覺自己沒有哥哥那麼「成功」。

不過這位母親在信中還指出，當奶奶寵愛大哥的時候，（母親）自己便會試著補償女兒。

這兩個女人之間的較勁，對這個小女孩會造成很大的影響。

她寫道：「這太明顯了（指奶奶對十三歲大孫子的偏愛），以至於讓我跟她對立抗衡，我看起來就比較寵愛女兒——這卻使得婆婆對我的背道而馳多有指責。」

如果奶奶是這麼對待十三歲的孫子，也就是「寵愛」這個孫子，我會為這個男孩感到惋惜。因為在一個家庭裡，最受寵的孩子將來總是會變成最可憐的。儘管不受寵的孩子小時候會有些難受，可是長大之後卻會比最受寵的孩子來得獨立。這位媽媽也不要為了她婆婆對自己女兒的行為和態度感到擔憂，她可以用一種開玩笑的口吻來對女兒說：「妳看，奶奶老了，她喜歡小男生，因為她覺得自己太老了，不能再討別的老先生喜歡了，也不會再結婚了。要同情她。」媽媽也可以對女兒說：「妳長大了，在家妳是女孩裡面最大的。他是男孩裡面的哥哥。妳知道男孩和女孩是完全不同的。妳呢，做為女孩，妳已經很成功了，好得不能再好了。就算小時候妳有過眼疾的問題，也不會改變這個事實。」偶爾有這樣女性之間的對話，可以增強女兒的自信心以及提升女兒具備女性特質的能力，這對女兒的幫助遠比寵愛她要大得多。

母親或許也可以跟女兒說明她肚子疼的事情：「我不知道妳肚子疼是消化方面的問題，還是卵巢和子宮現在在準備妳的第一次經期。」也可以對孩子解釋這些事情。還要告訴她：「妳應該感到自豪！」「妳的胸部開始長大了，不久我們就去給妳買第一件胸罩。」母親也可以藉此機會送女兒一個小女生會喜歡的禮物，比如胸針、手鍊（即使小女孩不戴），同時對她說：「妳看，妳成為少女了。」

除此之外，這個小女孩有沒有女生朋友呢？因為她十歲了，應該有女生朋友的，請她們來家裡玩，或者去她們家玩。我想小女孩應該有些家庭以外的活動。這個女孩百無聊賴，或許是因為她並不知道自己很漂亮，也不知道自己是有價值的。信中並沒有提起她的父親，而這位母親在信裡明確地說了奶奶在孫輩當中很喜歡大孫子，在他身上看到了自己兒子小時候的影子。可是，她卻沒有提到是誰在幫助小女兒去建立和穩固自己躊躇不定的女性特質：她的女性特質處於危險的狀態，有可能是因為想要變得和哥哥一樣，也可能是因為她認為自己不被奶奶所愛，又有可能是因為媽媽把女兒和受寵又被過度保護的哥哥做比較，也認為女兒吃虧了，而女兒自己也這麼認為。這就是這位母親應該明白、也要幫助女兒去明白的事情。我補充一點：下次她與丈夫單獨去度假的時候，最好把女兒送到某個朋友家，不要把她跟哥哥留在一起了。

現在，您可不可以更廣泛地為我們解釋一下，青春期階段，女孩子在性格方面會發生什麼樣的變化？

對孩子來說，這是一次深刻的蛻變，女孩子有時候會感到無聊煩躁；兄弟姊妹和爸爸媽媽已經不足夠了，她需要從家庭環境中走出去，不過有時候她會害怕從家庭裡脫離出來。應該幫助她，像是為她註冊加入某個團體、某個青少年活動中心、參加假期出遊等等，但是不要立刻就把她放到一個完全陌生的環境中。例如，這位女士週末時可以帶著女兒去有同齡孩子的親戚家或朋友家走動一下。也可以父親、母親、女兒三人出去玩，不帶兒子，這樣兒子就不會是子女當中唯一的參照標準，他們也可以有機會不受干擾地聊聊天——藉著出遊、晚餐、旅行的機會，大家可以有更多的時間聊天，不是嗎？在交流的過程中，大人可以發現什麼事情讓孩子感興趣，發現她的喜好以及個人對未來的計畫，鼓勵她在一個女孩子的團體裡或者在一個與她同齡男女混合的團體裡找到自己的位置，給予她信心。

這個年齡的孩子應該著重強調與父母雙方個別對話交流。不過要注意：父母之間不要對彼此透露小男孩或小女孩對他們私底下說出的知心話的內容，否則就背叛了孩子對他們的信任。父母最多可以鼓勵孩子去詢問父母中另一方的意見，同時讓孩子明白：父親與母親觀點的不同，不同的觀點更具有啓發性，尤其是來自雙親的不同意見。另外，無論是父親還是母親，都會傾向於依據自己曾經接受過的教育來回應孩子的問題（尤其是對家裡的長子、長女），這會幫助孩子在自己的困難與矛盾中更深刻地理解自己。當孩子意識到父母之間的共同點以及他們之間的差異時，會讓他看到自己爸媽還未相遇相識的那段年代。如果我們不想在孩子與父母之間築起一道沉默的牆，在孩子十歲、十一歲的時候，父母雙方就要各自找機會與每個孩子面對面地促膝長談，不僅要主動找機會，而且要反覆進行這樣的對談，並且要在讓大人與孩子雙方都感興趣的活動當中進行交談。

1 譯註：懷孕期間的超音波檢查在當時尚未普遍。

10 這個年紀應該做的事——錯誤的標準

有封來信向您提出了一個類似上課時會提的問題——我知道這其實會讓您很「惱火」的。

是的。

來信的母親詳細地問您：一個孩子在出生後的頭幾年應該學會哪些事情？看起來，她應該是觀察自己的孩子有點太過火了。

是啊！像您所說的「有點」！這些用眼睛死盯著自己孩子身體以及「表現成果」的母親，總是讓我震驚！分秒不差的觀察，像是哪天「寶寶」做了這個，哪天「寶寶」又做了那個，好像一份實驗心理學報告一樣。有些像這樣觀察孩子的母親，總是擔心有的沒的，成天都在觀察。例如某天一顆門牙長出來了，是在上面而不是在下面，這樣正常嗎？那樣正常嗎？觀察並且登記在小本子上，好像這個女人成天就只需要做這件事一樣！她還剩下多少精力可以去做女人啊？在這種類型的來信裡從來都不會提到父親、別人或是她自己，除了說到孩子從某個月到某個月的五點到七點連續哭了兩個小時，也不講她在孩子哭的時候自己的感受。她隻字不提孩子的表情、什麼會讓孩子笑、什麼會讓孩子哭，也不提孩子顯露出的性格，還有孩子喜歡什麼、不喜歡什麼。她只會提到孩子的體重，卻不說說孩子臉部的輪廓、眼睛或者頭髮的顏色……還有孩子長得是像父親、父親家庭裡的人，還是像她家的人，我們對母親的性格一無所知，也不知道孩子父親的個性。對他們的生活、對她和孩子周圍的人、對喜歡孩子的人及孩子喜歡什麼，我們都不知道；也不知道她是否會抱孩子、是否會搖哄孩子，是否會帶著孩子去散步、跟孩子說話。同樣也不知道當她給孩子餵奶、換尿布、洗澡的時候，自己身為母親的快樂以及與孩子之間的默契。她與孩子之間是否有溫柔、歡笑和喜悅？當孩子的父親在場時，他們是否有身為父母的幸福？雙方看到這個象徵夫妻相合結晶的幸福又在哪裡呢？夫妻兩人各自對孩子懷抱的期望又是什麼呢？這些都是孩子能感覺到或「透過直覺感受」得到的，也是孩子真正所「需要」的。

馮絲瓦茲．多爾多，您不會生氣了吧？您看起來好像生氣了！

不是生氣，而是讓我傷心。實驗心理學家對不是他們自己的孩子進行類似這樣的觀察；目光像攝影機鏡頭一樣一直放在孩子身上（幸好不是每天都這樣，也幸好孩子不是像愛自己父母那樣愛他們），就是這樣的觀察促使人類哺乳動物科學的進步，並且與其他的動物做研究比較。可是一位母親或一位父親這麼做的時候，就真是不可思議了！

這麼做對孩子會不好嗎？

是的，這樣的觀察以及不停地下判斷，是把孩子當成物品看待。

您對於這位母親提出的孩子頭幾年要學會哪些能力的問題，什麼都不想回答嗎？

我想說的是，從孩子一出生（甚至在此之前），就會在無意識當中對與自己一起生活以及接近自己的人的無意識的態度很敏感。

這該怎麼理解呢？

也就是說，人類是一種語言及交流的動物，會很敏銳地感覺到所有從他人身上傳送出來的訊息：例如對方的情緒、氣味、行動的節奏、聲音。也能夠體會到他人對我們的態度是關愛或是冷漠、他人把我們放在什麼位置，還有他人是否尊重我們的生命以及表達。如果大家把孩子當作物品、消化道或是會動的器械來對待，而不是一個大家所愛、也能夠去愛的人的話，那麼孩子逐漸長大，就會變成一個在主人命令下才會運作的機器人。孩子已經是一個主體，他有慾望，不是只有生存需求；他不是所謂的「寶寶」，他有姓氏，把他與某個家族譜系連接在一起；還有一個為他選擇的名字——屬於他自己的名字——圍繞著這個名字的是他與父母、親友的生命關係，無論他們是否會與自己同享喜悅分擔痛苦。孩子是有直覺的，即使他還沒有意識能力了解自己與他人關係真正的意義時——尤其是與母親、父親的關係，以及與保母的關係。所有這一切都會記錄下來，形成孩子整個人格表達的方式。

那麼在「習得」的這一方面呢？

情感、心靈以及智力，一切都是「習得」的，並且與身體成長吻合——直到三歲，孩子身體的成長真是快得驚人。這種「習得」是「看」不出來、也無法直接「測試」出來的。孩子「因應」自己所接收到的一切，以最符合自己本真天性的方式做到最好——他盡力適應。從受胎開始直到六歲、八歲，孩子從自己依賴的人身上所注意到的各方面，與自己具有欲求的生命相連結，首先以非語言形態表達出來。孩子的叫喊、牙牙學語、哭聲、微笑等等，都是自然的表達。孩子與照顧者生活在一起，這些表達方式都會成為溝通的語言：傳達孩子內心是否和諧、如何與回應他的人交流，以及與此人相處是否融洽。無論孩子醒著還是在睡眠中，無論孩子非常渴望交流還是在休息的時候，都在編織著一個微妙的溝通網絡來讓自己知道是好還是不好、舒服或難受、好看或難看、允許做的還是禁止做的。孩子會尋找給他帶來快樂的事，避免讓他不快樂的事。這一切當然都是在孩子的無意識中進行的：孩子會回應撫養自己的人以及自己喜歡的人（他們並不了解孩子）所表達出來的滿意、不滿意抑或漠不關心。

那麼在一個年幼的孩子所「習得」的各個面向當中，就沒有可以被我們歸類為「正常」或「不正常」的嗎？

沒有。一切都在孩子與母親的關係中，在孩子對母親很早就有的依戀中，以及透過母親、孩子自己與他人的關係中整理出來的。確實無法由一個孩子學到了什麼以及在某個年紀會做或不會做什麼來判斷孩子——真的是不可能訂出標準的。

不過，我可以說，當一個孩子感到被彼此相愛的父母所愛，而且周圍充滿著歡樂氣氛的時候，他就會以最適合自己的方式，以自己的天性去成長。我可以說，當大家不要求孩子去做他不願意做的事情時，孩子才會感到安全；然而這並不意味著我們必須去做所有孩子似乎想要的事情，也不是必須滿足孩子所有的要求。

尤其是對父母來說，母親與父親的生活要繼續，繼續去做他們要做的事情，那些讓他們生活有意義的事情。有個每三個鐘頭就要餵奶的孩子時，大家的自由度當然會降低，而且也牽扯到家庭預算。可是父母的一生並不是繞著孩子轉，生活也不要被孩子纏住了。孩子可以和父母一起外出，當父母忙碌或接待朋友的時候，可以把孩子留在聽得到父母聲音的地方。

只是要避免孩子在場時有性生活，尤其是當孩子睡覺的時候，因為孩子在無意識中是與父母分享一切的，當他睡覺的時候更是如此。快感的興奮就如同生氣或焦慮的激動一樣，會帶給孩子過於強烈的感受；應該避免經由聲音或愛撫給孩子帶來過度的興奮，同時也應該避免對孩子做出劇烈粗暴的動作，不要為了好玩把孩子像皮球似地一個人扔給另一個人接。不要嘲笑孩子，因為就算孩子不表現出來，對此還是會很敏感的。

不過對於孩子的所學所獲呢？

您還在堅持這個問題啊！

好吧！要知道孩子的所學所獲是循序漸進的，人類的中樞神經系統在出生時還沒有完成，大腦是已經形成了，然而手部的神經末梢還沒有形成。手部的神經末梢會比到臀部及腳部的神經末梢提前完成。即使孩子對觸覺很敏感，然而還是無法控制自己的動作。脊髓發育平均要到二十四至二十八個月才完成。

這樣一來，比如，在孩子能夠自己體會到臀部附近的感覺之前很長的一段時間裡（也就是在能夠自然控制大小便之前），孩子有許多事情要去學——在被強迫訓練控制括約肌之前，孩子早已有能力做到許多事情了。用嘴巴和嘴唇去識別形狀的能力很早就有了；同樣地，還有味覺，鼻子辨別氣味的能力，耳朵識別聲音的音色、高低、強弱的能力。孩子還能記住歌曲，認出不同的聲音、音調的變化、語氣以及口音和用字（孩子只有再大一些才能夠說出來）。孩子可以學會辨認顏色，認出顏色的濃淡以及相對的明暗變化。孩子會有自己喜歡的圖像和繪畫作品，並且孩子會聽我們對他講述關於畫面的內容。另外有一些圖畫對孩子而言則無關痛癢、孩子不會感興趣。孩子很早就喜歡看在天空映襯下搖擺的葉子，也能夠感受到微風的輕喃並且吹動著樹葉。他們喜歡青草綠葉、空氣、花朵、鳥鳴還有浮動的雲彩。孩子喜歡動態，因為那就是生命。我們可以也應該對孩子「講述」所有吸引他們注意力的事物，他們豐富的臉部表情就是對所有吸引他們的事物以及語言——尤其是對母親和父親的語言——會心的回答。

因此會有一個孩子所學所獲可能性的自然順序，這對所有的人都是一樣，然而依據個別孩子以及各自母親的差異，會有不同的節奏。這個自然的順序不應該受到阻礙。

例如，一個孩子如果說話過早，其實是危險的。我想說的是：假設對母親而言，說話是唯一有價值的事情，結果孩子因為只有這樣做才能讓母親開心，而像磁帶一樣地去重複和模仿母親說的語詞和斷斷續續的句子。有一些表面上看起來說話像大人一樣很流利的孩子，可是卻不好動、不會弄出聲響、不會把東西搬來搬去，不會爬高或者不再對那些讓人覺得好玩、看得到、摸得到的東西有好奇心。假如孩子可以流利地說話，可是同時卻還沒有鍛鍊得像大人一樣可以靈活運用雙手自己吃飯的話（也就是大人還要給孩子餵飯，因為孩子不能或不想自己吃飯），這樣的孩子就是成長發育的順序混亂了。

同樣地，一個孩子為了讓媽媽高興而在媽媽的要求下在兒童便盆上廁所，然而自己卻還不會開心地玩耍、蹲在地上玩，走路也不靈活，也不會為了好玩讓自己熟練地爬上階梯或小凳子的話，這就是一個「訓練有素」且依賴大人的孩子。這樣的孩子，對於自己的「天性」以及自發的進步而言，他的成長發育順序是錯亂的。訓練導致孩子拒絕去感受自己的括約肌，然而以功能方面來說，括約肌是帶來天然快感的地方。孩子為了讓母親高興，為了不與母親發生衝突，放棄自己的快樂感受，然而卻也「忘了自我」。

孩子在動作機能方面的成長發育也是一樣的道理。動作機能的培養是藉由與其他的孩子在玩耍的過程中去發現空間、掌控並且認識物品，知道如何讓這些東西動起來才好玩、如何操作這些東西才能發揮它們的用處，同時在過程中牙牙學語地說話、弄出聲響，用自己的方式發表言論。如果母親不停地強迫孩子閉上嘴巴，不准孩子去碰自己夠得到、又不真正具有危險性的東西時，孩子就會失去活力，抑制自己的能力，也會阻礙到自我能力的發展。

能否對孩子成長學習能力標準做個總結呢？

對於這個主題，我覺得自己說的已經夠多了。

如何可以看出孩子成長發育得好：是有「彈性」的孩子，也就是活潑好動的孩子。可以用嘴巴做出各種不同的表情，也能夠表達出不同的喜好，有多樣的眼神表達，聽覺方面的注意力很好，還能夠辨別細微的聲音。符合自己的需求去會拿、扔、操作或者移動物品。這樣的孩子在逐漸長大的過程中，會邊玩邊做那些看過別人做的事情，並且藉此發明另外一些玩法。這樣的孩子會依照自己身體的需求來滿足自我，比如說餓的時候就吃飯，為了讓自己感覺舒服而洗臉刷牙，知道如何自己一個人玩，不過更喜歡和其他同齡的孩子一起玩。孩子要能夠感到安全地做所有的這些事情。孩子也需要有一位細心周到又不焦慮恐慌的母親，不會放任孩子，也不會過分嚴厲。母親不應該做自己孩子的奴隸，並且不要把孩子當作泰迪熊、玩具娃娃或是小獵犬。母親應該讓孩子看得到笑容、聽得到歌聲，讓孩子感到不是只有跟自己在一起時，母親才會快樂（母親跟別人在一起時也是可以快樂的）；當母親跟他人在一起的時候，既不會忽略孩子，也不會比單獨跟孩子在一起的時候對孩子要求的多。由以上這些可以讓我們知道孩子活潑可愛、成長發育得好。幸福快樂、身心自在的孩子，都是按照自身規律去成長，並且自我的特點也是受到尊重的。

與他者的關係，與人、動物、植物、花卉、自然元素、物件等等之間的關係，以及所有與這些相連的話語之間的關係，使得孩子成為一個能夠交流、擁有、行動，懂得獲得、給予，以及有知識又會創造的人。日復一日，一個人類的小生命在差不多兩歲半左右，才能真正成為一個在生活中與人相處愉快的小孩。

好，以上就是孩子到兩歲半的時候可能獲得的能力。

孩子在三歲之前還有很多事情要學，才可以安全地去任何地方，讓自己適應幼兒園強制的紀律，而不至於讓自己在那裡失去活力，並且能夠感到開心，興高采烈地去幼兒園裡發現新的活動。

孩子會學到了解自己的名字（為什麼叫這個名字）、自己的性別，以及自己將來的變化，會知道自己是誰的兒子或誰的女兒，還有這意味著什麼，會知道自己家的地址、街道的名稱、去幼兒園的路。還有，他們會知道不是想要什麼就能得到什麼，不能拿走別人沒有給自己的東西，所有的東西都是需要償付的。孩子還需要知道保護自我，不能故意傷害別人，在路上要小心。簡單來說，就是要讓孩子在社會當中感到安全，並且讓孩子每天都有可能學到一些新知識、新能力，讓孩子越來越有自主能力，與他人建立良好的關係，並在其中選出自己喜歡的人來做朋友。也要學習「因應」其他的事情。

感謝您做了這樣長的總結！感謝您對孩子以及父母親所說的話……總之，不存在所謂的標準！

是的，沒有所謂的標準；只存在自然的順序：無論父母的愛或教育可否利用這個自然順序來發展孩子的成長，都應該注意不要去違背自然的順序。

第 2 部

孩子你在想什麼？

1 以文明的方式迎接寶寶的到來——關於生產

您或許知道一九七七年在紐約舉行的兒科醫學大會。會議期間，一些美國醫生（其中有些還是美國兒科方面的權威）贊成恢復在家生產。他們說尤其是在美國（我不知道在法國是什麼情況），醫生們常常把懷孕看作持續生病九個月。他們同樣也完全反對人為干預式的生產（即催產）。最後他們聲明，沒有任何理由可以干涉女性像昔日婦女一樣在自己家裡生產。許多讀到這份消息或者聽說了這個新聞的法國女性想聽一聽您對這個議題的看法。

生產是一件正常的事情，不是生病。然而，從目前的住屋狀況來看，在面積狹小的住房裡，人多的時候走動起來會不方便。對於「經產婦」來說（我們把生過好幾個孩子的婦女稱為「經產婦」），在家生產就已經是困難的了。生過兩胎或三胎的婦女確實可以在家裡生產，前提是在有人協助的條件下。不過我們也不能以分娩是生理現象作為藉口，讓女性生下寶寶後，立刻去做她日常的工作——過去在鄉村會有這種情況，這樣做會導致女性子宮下垂。女性產後需要時間來讓肌肉復原並且讓腹部重新緊實，因此女性分娩後需要充分地休息。不過，如果過程進行都很順利，是沒有必要在醫院待超過二十四小時。

假如生產過程一切順利，而且有人可以在家裡協助母親的話，不僅寶寶在自己家中會更好，母親也會更自在。尤其是家裡還有其他孩子的時候，他們可以在家見到母親，並且立刻可以見到小寶寶，這就更好了，更何況還有父親在家裡。如果因為一個男人已經是父親了，就不再能夠與妻子分享這個對兩人而言都如此重要的時刻，其實是很不好的。當寶寶還是胎兒、待在子宮裡的時候，總是聽見父親的聲音與母親的聲音交織在一起。然而寶寶出生後男性的聲音（即父親的聲音）卻突然消失了，並且在醫院裡寶寶與母親常常是分開的，只能聽到其他嬰兒的哭聲。儘管有人會照顧寶寶，可是對嬰兒來說，就如同在沙漠中待了幾天一樣；然而幾天的時間對於嬰兒來說，就如同成年人的四、五個月那麼久。

因此，我完全支持生產盡可能簡單的觀點。不過，我認為生第一胎，即使第二胎——尤其是曾經難產過的孕婦——最好還是到醫院生產。在醫院生產就是為了母嬰的安全考量，並不影響離家生產之後能夠盡快回家。

另外還可以有家庭助理（當時正在建立的培訓系統）來幫助並照料產後婦女的生活。協助年輕產婦一點也不複雜，家庭助理可以在醫院或私人診所的婦產科實習，學習如何照顧產婦和嬰兒，或許還可以成為生育補助的一部分，也可以減輕住院的開銷。[1]家庭助理可以協助產後的媽媽十五天左右的時間，讓她能夠充分休息。女性生產後，由於生理原因多少都會有一些產後憂鬱的情形，家庭助理可以和產婦聊天，不僅在具體事務上提供幫助，也能給予精神上的扶持。做媽媽的需要這些協助，尤其當家裡已經有先出生的孩子，他們總是有點忌妒，母親在場時也會表現得更挑剔。

在這個兒科醫學大會上，催產也是被討論的議題之一。美國醫生們對此也表示反對。

這個由美國醫界提出來的觀點，讓我感到欣慰。因為催產只是為了產科醫生的方便而已。

是為了讓分娩進行得更快一點嗎？

催產是為了讓分娩進行得更快，也是為了減少麻煩，這樣的分娩方式完全就像機器運作一樣。然而，每次分娩都是需要按照人性需求來進行的。有些女性分娩得慢，有些分娩得快；還有一些女性開始分娩了，中途卻需要暫停休息，這時候助產士需要有耐心又不帶焦慮地等待分娩重新開始。這段休息時間也是胎兒所需要的，因為母嬰共生關係不容易分離所致。為了讓母親有充分的安全感，也為了讓母親能夠表達出自己的感受，以期讓嬰兒順利出生，我們應該適當地協助分娩的母親。絕對不要在動作或言語上強迫母親分娩，因為在分娩中沒有受到妥善助產的女性，經受過粗暴的言行會造成內心的恐懼不安，這樣的痛苦會造成心理緊張的氛圍，烙印在新生兒生命初期的母嬰關係裡，有時候會帶來非常嚴重的後果。

大家常常談到無痛分娩，而且越來越常提到「無暴力分娩」這一說法（甚至有一本書的書名就叫作「無暴力分娩」[2]）。針對這個議題，一位準媽媽請教您：「特別著重在產婦無痛分娩通行的傳統方式中，在生理層面或者心理層面上，可能會出現哪些正面或負面的結果呢？」

很明顯地，「無暴力分娩」這本書向大家揭示了一種讓嬰兒在出生過程中不受到傷害的可能性，或者說讓嬰兒盡量少受到傷害——從胎兒到新生兒的轉變，本身就已經是一種自然的創傷——這種身體上所有變化的轉變：像是血液循環、肺部換氣的改變，用五官感受的世界，例如氣溫、光線、聲音、觸覺等等，也突然變得與過去胎兒時期所熟悉的子宮環境完全不同。

這種無暴力分娩法顯然就是無痛分娩的延續。我希望在幾十年後，許多孩子都能夠在這樣的條件下出生——因為這不可能在一朝一夕之間就做得到，現在只是一個開端而已——也就是說，孩子出生時沒有太多的噪聲、沒有過於刺眼的光線，並且在出生後的幾個小時內能有母親在身邊。直到目前，我們仍停留在專注於寶寶是否四肢健全、完好無缺，卻沒有考慮到新生兒已經是一個「人」，也沒有考慮到應該如何去迎接寶寶的到來——怎麼說呢？——也就是說，應該用什麼樣的「文明方式」來迎接寶寶的到來。出生的寶寶曾經像小哺乳類動物一樣被接待，甚至還不如小動物。因為即使小小的哺乳類動物都還有媽媽的支持，會舔牠、幫助牠、把牠留在自己身邊。可是人類卻還沒有想到這些。我們開始思考這方面的問題，或許是因為在自己建構的文明下感到非常「焦慮」，讓我們突然領悟到了孩子出生時也會感受到不必要的「焦慮」。

這位來信的聽眾住在巴黎以外的省份，我不知道在那個地區是否有這樣採用無暴力分娩的診所。如果沒有的話，也不要因此憂心忡忡。讀了這本書之後，她已經明白了應該把孩子出生時可能會出現的身心創傷降到最低的程度，她也要盡量把孩子留在自己身邊，至少在白天要這樣，以便讓孩子很快就能浸淫在媽媽的氣味裡。如果寶寶在出生的時候受了苦，母親要知道盡早地去和寶寶說說話。（你們知道我常常說要對寶寶說一說他們所經歷過的考驗，母親溫柔和緩、抑揚頓挫的聲音就是寶寶在經歷困苦之後最好的撫慰。）母親可以對寶寶說：「你現在很強壯了，你長大了，你很健康。」這類的話語，我相信會非常有效的。

關於無暴力分娩的好處，既然她對我提出了這個問題，我知道已經有一些研究針對曾經以這種方式出生的孩子——畢竟這個方法開創至今已經三十多年了。在一些有好幾個孩子的家庭裡，要是有一個孩子是以無暴力分娩方式出生的，非常明顯的是，這個孩子無論是面對黑暗、嘈雜聲或是面對孤獨時，完全不會出現焦慮不安的情況；相較之下家中其他的孩子卻會恐慌。在所有的情形下，差別都非常明顯。（這是唯一我們能看到的情況，因為不可能在同一個孩子身上對比兩種不同的出生方式！我們只能在一個多子女的家庭裡依照數據進行觀察。可以肯定的是，這些以無暴力分娩方式出生的孩子對自己更有自信，而且與其他的孩子相較，當身處於通常會讓小孩不安的狀況時，他們的焦慮與不安少很多。）

1 作者註：據我所知，自一九四五年開始便有一些家庭傭工協會，法國衛生部一九四九年頒布的法令對此也予以認可。這些家庭傭工接受培訓，以協助照料過度勞累的母親們，或是產後提早回到自己家中的婦女。這些協會在法國每一個省份都有分支機構，有興趣的婦女可以到當地的社會保護中心或社會服務機構諮詢。還有一份由法國文獻雜誌出版的《家庭傭工》（*Travailleuses familiales*），與此主題相關。

2 譯註：「無暴力分娩」又譯作「非暴力分娩」（Pour une naissance sans violence，作者是法國醫生菲德希克．勒博耶，Frédéric Leboyer），於一九八〇年由法國瑟伊出版社（Seuil）出版。「無暴力分娩法」又被稱為「勒博耶分娩法」。

2 你曾經有過生父——單親媽媽

我先向您提議，來談談關於單親媽媽的問題。一位單親媽媽來信寫道：「我有一個七個月大的兒子，我很擔心父親的缺席對他會有影響。是否將來應該有人來扮演父親的角色呢？孩子從什麼時候開始會因為沒有父親而感到缺憾呢？就算孩子沒有提出問題，是否也應該跟孩子談到自己從未謀面的父親，以免讓孩子感覺自己跟其他的孩子太不一樣呢？在成長過程中，圍繞在孩子身邊的都是女性，會不會讓孩子在男性自我身分認同方面受到干擾呢？」

女孩和男孩要能夠好好地成長，在生活中一樣都需要有男性的陪伴。這位女士完全沒有男性的親屬嗎？

她沒有提到這點。她說：「……一般來講，這男孩在日常生活中是沒有男性可以做為榜樣的。」

我很意外，一位女性怎麼會從來沒有男性的朋友，或是從來不會接觸到有伴侶的朋友呢？

她主要還是針對家裡沒有男性這方面提出問題。

或許在家裡沒有男性，可是男孩是有認識的男性，他認識其他的人或小孩是有父親、母親、兄弟姊妹的。再過一段時間到了學校之後，身邊圍繞著的大人與孩子會向他展現男性和女性兩種不同的性別。總之，一個孩子無論是男孩還是女孩，都不可能由於母親沒有法律上的配偶或者性生活的伴侶，而在成長的過程中一直相信自己長大會成為女人（如果是男孩的話），或者以為自己對異性的慾望是個禁忌（如果是個女孩的話，在身分認同上想要完全認同自己的單親母親）。這兩個例子其實讓我們逼近了一個大問題，就是有必要對孩子說明自己受胎的事，讓孩子鞏固對自我的認知，並且藉由愛他、教育他的人讓孩子了解自己是有價值的。

不過能夠理解的是，有許多人還是會問：應該透過什麼方式來談這件事實呢？

對一個在特殊情況下由母親撫養長大的孩子來說，對他如實說起關於生父時（正確的用詞是「親本」，不過對孩子的用詞是「生父」以及「生母」），應該提到**家庭姓氏**，也就是國民身分證上登記的姓氏，以及孩子到學校註冊時所用的姓氏（通常孩子到這時才得知自己姓什麼）。這個姓可能是孩子不認識的父親的姓氏，比如，一開始父親承認了孩子，可是後來父親去世了或者拋棄了家庭，尤其是在一個沒有祖父外祖父或伯叔舅舅來取代父親角色的家庭裡。或者是孩子年齡還小的時候母親就離婚了，後來母親再婚，或是恢復自己婚前的姓氏[1]。還有別的情況像是母親保持單身，或者與一位被孩子稱作「爸爸」的男人同居，所以孩子用的是母親的姓。總而言之，無論男孩還是女孩，都應該參照孩子國民身分證上的姓，給孩子解釋自己生父的事情。

我在想，當孩子使用母親姓氏的時候，情況應該另當別論吧？

假如孩子用的是母親的姓氏，就算孩子目前不提出疑問，以後還是有可能會質疑母親與外祖父或舅舅關於亂倫的問題，尤其當其中一位男性扮演的是父職角色。如果不跟孩子解釋生身父母孕育自己的情況、生母與生父的關係，以及出生時依法賦予孩子的姓氏，結果是遲早會對孩子的語言能力、情感生活以及社交生活帶來一定的障礙。因此，應該清楚明確地解釋這件事情，並在孩子的成長過程中由母親或親屬多次解釋才行。總之，應該讓孩子知曉決定自己姓氏的律法。假如一位單親媽媽的女兒或兒子與母親同姓，並且在沒有男性的家庭環境下長大，又沒有其他親屬的話，那麼孩子可能會把自己當作是母親的附屬品，就像一個單性生殖的孩子（也就是，一個只有母親的孩子）。這是謊言，並且會讓孩子有基本的不真實感。更何況，孩子在面對母親最終會離開人世這個問題時會感到焦慮不安，缺少安全感；因為失去了母親，孩子的存在便沒有了法律的保障。所有的單親媽媽都應該提前考慮，假如有一天自己不在了，會由誰來接手照顧自己的孩子，並且告知孩子一切。一個沒有父方和母方家庭的孩子會對生存缺乏安全感的問題，至今還不為大眾所知。我見過一些孩子從五歲開始便處在一種會導致神經衰弱症的焦慮中。因為對於五歲的孩子而言，是無法不去想自己父母會死亡這個問題。這些由母親單獨撫養的孩子，不敢跟母親提及這個問題；因此在面對這個欲言又止的問題時，沒有任何答案。母親其實已經考慮到這個可能發生的情況，可是從來沒有跟孩子說過；而孩子，則由於焦慮而導致神經衰弱性的退化。

我們再回到姓氏的問題上。在今天這個具體案例當中，是一位身處女性環境裡的單親媽媽的情況，應該對兒子講述關於母親孕育的事實，無論是發生過怎樣的性關係而致使她有了孩子，都不要對孩子的生父有所責備。可能的話，母親不要太誇張，也不要有罪惡感或者自我犧牲的情緒。不管曾經有過什麼問題，也不管依然還有什麼困境讓母親難以面對自己的責任，她至少曾有過把孩子帶到這個世界上時感受到的喜悅以及愛孩子的快樂，這些喜悅與快樂是那個讓她成為母親的男人帶給她的。也就是說，母親想對孩子說他生父的事是有道理的。比如對孩子解釋：「你也有過一位生父，可是你不認識他，因為我沒有和他結婚。」同樣地，如果母親與一位非孩子生父的男性共同生活，在現實生活中與這位男性共同監護養育孩子的話，那麼即使孩子不問這個問題，我認為也應該盡早向孩子說明，也就是最遲在孩子到了上學的年紀之前就應該向孩子解釋。[2]

以上就是藉助姓氏來解釋有關生父的問題。身為專家的您，除了剛才提到的這些，一般情況下，孩子對父親的缺席會有一些什麼樣的反應呢？

您想說的是那些單親媽媽的孩子嗎？……其實沒有所謂的「一般情況」。一切都取決於母親怎麼對孩子談論他的生父，取決於她曾經愛孩子生父的方式，以及在情感生活方面她是如何對待自己周圍的男性，還有她是如何對待自己的孩子以及孩子與這些男性的情感關係。從這位來信女士的情況看來，她拒絕與孩子的生父結婚，她應該借助一些曾經與對方約會見面時的照片來向孩子介紹他的生父，好讓孩子知道自己的生父是存在過的。在看過母親童年的照

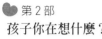

片以後，孩子會知道母親也有過父親，也就是他的外公等等。要是以後的某天，孩子看著一個男人說：「我真想讓這位先生做我的爸爸！」這時候母親可以回答孩子：「你看，你心裡是有一個父親榜樣的！」如果孩子是男孩的話，母親還可以補充一句：「那就要靠你自己努力去成為像他一樣的男人。」假如孩子指給母親看的男人是黑人，而孩子本身是白人的時候，母親可以對孩子說：「沒有辦法的，你不能變成黑人，因為你的生父不是黑人。」要是孩子指給母親看的是一位矮個子的男士，而孩子卻又高又瘦的話，母親可以對他說：「不，你可能會長得比較高，你的生父很高，而且你也已經比同年齡的孩子高了。」以此類推，以身體做參考，母親可以毫不避諱地告訴孩子自己生父的真實情況，給孩子推荐一些同類型的男性做為榜樣。在運動員或者電視上的人物當中也會有許多可以參考的，孩子對此會感興趣的。

母親也應該對孩子解釋他自己的情況很特殊，也就是說母親沒有與一個孩子可以稱之為「爸爸」的人生活在一起，不過孩子完全可以自己去選擇一些男性為自己提供建議，或者由對方回答一些母親無法回答的問題。一位單親媽媽應該知道，有許多事情是她無法給自己兒子解答的。母親可以對孩子說：「你知道，我是女人，我從來都沒有當過小男孩，我不知道該如何回答你的問題。」事實上，所有男孩的母親都應該用這樣的方式來回答兒子的提問，哪怕是在最傳統典型的家庭中，兒子已經習慣了只參考聽取母親一方的意見，而父親卻在一旁默許兒子的做法或者放任孩子不管。

因此不應該由母親來取代父親，是嗎？

並非「不應該」，而是母親就是**無法**取代父親。無論對於男孩還是女孩而言，替代父親角色的男性並且嚴守分際尊重孩童都是必要的。一位單身的母親不再是女人，最好的狀況下，她像個「中性的」人。她可以在法律層面以及道德教育層面對孩子負起責任，可是她無法回答所有的問題，尤其是無法回答一個男孩子在情感方面的敏感問題。假如她這麼做的話，就會過度插手自己兒子的感受。她應該對兒子說：「這是男孩的事。」並且建議孩子可以去問她的某位男性友人，或是去問某位已婚的叔舅的意見。抑或是當男孩向一位已婚的女性家人提出問題時，這位親戚也不用拒絕回答，而是可以讓孩子去問她的丈夫：「他會比我更知道怎麼回答你的問題，因為我和你媽媽一樣是女性，我並沒有和你一樣、有過做為男孩或少年的經驗，也沒有遇過男性才會出現的那些問題。」同樣地，如果一個女孩從未見過自己的母親與男性生活的經驗，也無法對母親盡情傾訴自己對男孩的那些心動；因為她可以感受得到自己的母親很壓抑。假如女孩對母親傾訴的話，表示她依然是個小心謹慎依賴著母親的小女孩，其實更像是把母親看作一位失去伴侶的姊姊。

所以，撫養一個父親缺席的孩子是非常困難的。

是的，一定的。不過有一些單親媽媽卻知道如何讓自己脫離這些困境：她們會對孩子說出實情，並且盡可能在感情以及性方面繼續自己身為女人的生活。比如說她們擁有工作，擁有正常的社交生活，不把自己封鎖在孤獨之中，並且鼓勵自己的孩子在生活中與同齡的孩子保持友誼，不對孩子隱瞞困境，也不把孩子囚禁在充滿憂慮和占有慾的愛裡。

對於一位單身的女人來說，這樣的生活規劃並不簡單。

或許吧。不過您知道嗎？如果說一個由單親媽媽撫養長大、沒有父親的孩子在性心理與情感方面的成長是很困難的話，那麼在通常的情況下，由一位早年喪偶的母親撫養長大的獨生子女，或者最後才出生的孩子，他們在各方面的難處也不會少。假使父方以及母方家庭都不願意伸出援手時，就更是難上加難了。

如果一位母親把自己離世的丈夫理想化，對於一個從未見過或者幾乎沒見過自己父親的孩子而言，這種做法跟孩子不知道父親是誰以及父母親之間存在過的關係一樣是有害處的，因為正是父母的感情才能給孩子帶來足夠的生命意義。由一位無法平撫傷痛的寡母理想化之後的父親形象對男孩來說是很沉重的。到了伊底帕斯情結時期，兒子無論是在社會角色或是性方面都一定會去扮演「死者」才能與父親抗衡。也有一些孀婦因為鬱鬱寡歡導致孩子有心理健康方面的問題，與那些帶著孩子的棄婦一樣，對所有男性都會產生負面的抵觸情緒，也就是說她們對自己孕育的生命產生敵對感。

這個案例裡我們又碰到了說話的問題。一位女性成為母親，首先是生物學上的懷孕，給她帶來責任感。然後母親因為一切以教育孩子為本的言行而存在。離世的父親只象徵性地存在於母親或者其他任何一個曾經認識他、愛過他的人的言語之中（可以向孩子描述生父是怎樣的一個人）。只要孩子的母親還不至於到對孩子的生父**絕口不提**的地步，這個孩子就可以去聯繫曾經認識並且欣賞自己生父的人，聆聽那個人來講述自己的父親。母親盡可能不要顯露自己心中的失望，她要允許孩子與那些認識過自己生父的人見面，這些人不會像孩子的母親那樣感傷於生父的亡故。

我向你們再次重申，對於一位單親媽媽如何撫養孩子的問題。首先，就是要對孩子說出自己是如何懷孕的實情，因為孩子生命的意義扎根於此。其次，從孩子年紀很小的時候開始，就可以讓他們參照其他的成年男性及成年女性，母親也可以對照他們來定位自己的生活方式。同時鼓勵孩子按照他自己的意願去選擇跟誰比較投緣。重要的是，讓沒有父親或失去父親的孩子在家庭小圈子之外，能夠有其他成年人做為榜樣。

同樣的道理，假如是母親離開了家庭或者去世了，獨自撫養孩子的父親也應該這麼做。

這裡有另一封來信，來自一位收養了一個混血男孩的單親媽媽。孩子被收養時只有十個月大，他的生母是越南人，生父是美國黑人士兵，他們兩位都已離世。這位女士寫道，孩子現在其實很乖，沒什麼問題，可是她覺得孩子有些軟弱，反擊能力不夠。她寫道：「孩子已經開始要去忍受別人對他的膚色說三道四了。」

首先，是針對什麼人或者什麼事情，孩子表現出反擊能力不夠的情況呢？為什麼信中提到了「說三道四」呢？別人問孩子：「你是亞洲人嗎？」的時候，為什麼媽媽不對孩子講述他生父生母的故事呢？我想她要是這麼做的話會很好。而且對孩子說幸虧有紅十字會（常常是紅十字會），才讓她能夠提出申請並且得到撫養孩子的機會；他的生父生母如果還在世，知道孩子在法國被有能力的人領養了一定會很高興的。當別人問他關於自己生父的問題時，他要能夠做出回答才行。假如養母給予孩子自己生父的象徵性存在，孩子便不會感到委屈，這樣他就可以像其他孩子一樣談論自己的生父了：「我的爸爸在越南戰爭中犧牲了，他是個美國士兵。」孩子的生父是美國黑人士兵。在當年的美國士兵中，有許多黑人。養母也要給孩子看那個年代報紙上的照片。我認為完全有必要對孩子說明實情，對孩子解釋清楚和他一樣的混血兒是怎麼來的，還要對孩子解說自己的越南籍生母由於戰爭的原因亡故。

這位養母還寫道：「我怕他會痛苦，又擔心他過分地依賴我。甚至他的外公[3]**也都不在人世了。」**

其實不會，要是她跟孩子好好溝通，孩子是不會很痛苦的。更何況，這位女士並非遺世獨立，她身邊還有其他的男性和女性，孩子也可以在這些人當中找到榜樣，在他們的陪伴下成長。我想這位母親是能夠處理得很好的。不過我也理解有些單身母親會被這類的問題困擾，所以這位聽眾提出這些問題是很好的。要是以後她遇到了什麼問題的話，她可以去找一位男性心理師來輔導兒子，並讓這位男心理師對孩子重新講述那些由她女性聲音講過的事情，這樣可以讓孩子聽到由一個男性的聲音來講自己的故事，由此幫助孩子去接受自己的命運。

第三個案例是這樣的：一位女士與男友有了一個孩子，協商後，這位女士決定保留單身身分，並全權由她來負責孩子的撫養和教育。她來自傳統天主教家庭，儘管自己已經不再有這份信仰，然而還是考慮是否應該讓自己的孩子受洗。在這個問題上，她還寫道：「給我孩子找一個教父或教母會不會還是好一點？尤其是孩子沒有父親，並且幾乎見不到其他男性的情況下，在孩子身邊能增加一些情感上的聯繫，是不是會比較好呢？」

我不知道在孩子自己去「創造」一些情感聯繫之前，就去「增加」感情聯繫是否會比較好；不過可以肯定的是，假如母親發生事故的時候，能夠有一些朋友負責接手照顧她的孩子，總是好的。假如有親近的成年人來當孩子的教父教母，他們不僅可以在孩子教育的過程中予以輔助，同時在一個單身女人帶著孩子狹小的生活圈發生問題時，也可以幫忙照顧孩子，這樣對母子兩人來說都是一種保障。我想這是很重要的。如果像她所說，想給孩子找一位教父或教母，最好是找一對與自己關係親密，並且接受她看法的夫婦，這對夫婦也要在同意成為教父教母後，擇日慶祝一下。我認為這件事應該等到孩子長大一些再進行，到時候母親就可以跟孩子說明是誰擔負起自己教父教母的責任。比如說，在孩子滿周歲的時候可以一起慶祝，教父與教母出席，藉此機會可以告知孩子為什麼將稱他們為「教父」和「教母」，並且知道這兩位成年人與其他人不同，自己是可以充分信任他們的。

她也問到，是應該在家族當中選教父教母，還是應該在親近的朋友或者其他人當中做選擇呢？

按照慣例，人們常常會在家庭親屬當中選擇教父與教母。母方家庭的親屬已經在法律層面上與單親媽媽本人共同承擔撫養和照顧孩子的責任了，假如在此基礎上再重疊上教父教母這層關係的話，我覺得是可惜的，尤其對於沒有父方家庭的孩子來講，其實他們做為孩子的舅舅或姨媽就已經足夠了。最好還是在家庭之外選擇有點年紀的人來做孩子的教父和教母。雖然有時候習俗上也會選擇比孩子年長幾歲的少年來做教父，然而我還是覺得最好能夠選擇成年人。如果可以的話，最好選擇與母親年紀相仿的人，或者比母親稍微年輕一點的人。還有就是被選上的人要認真地看待自己擔任教父或教母的身分與責任。因為當母親是孩子唯一的法定代理人時，事實上，她是非常認真地在考慮這個問題的：「萬一我出了什麼事，應該要有人來接手養育我的孩子。」

至於讓孩子受洗的問題，既然母親似乎已經不再堅持這份信仰了，為什麼還要讓孩子受洗呢？更好的做法是，在將來必要的時候去支持孩子做出適合自己的選擇。我要補充的是，許多受洗過的孩子並不知道教父教母在宗教信仰上對自己擔負的責任。況且不管這個孩子有沒有受洗、是否有教父或教母，一個接受母親委託、擔負起撫養、教育孩子責任的男性或女性，其實就足以負起教父或教母的作用了。這就是教父教母真正的意義。不過，假如孩子最終還是有教父和教母，應該讓孩子知道這件事情。當然，母親並不是在孩子一歲時就能對他解釋清楚的，而是在孩子成長的過程中，從兩、三歲開始，尤其到了五、六歲的時候，可以重新提出這樣的問題：「為什麼選擇了這位教母呢？」因為她的角色非常重要，如果母親發生變故，教母可以替代照顧孩子。同時，教父應該要替代孩子缺少的父親的角色，他要承諾可以給予孩子良好的建議，並且在孩子成年之前遇到困難時給予幫助和支持。

1 譯註：傳統上，法國女性婚後會從夫姓。不過，近年來已有改變的趨勢。

2 譯註：因為在學校會碰到要用到姓氏的情況。

3 譯註：指養母的父親

3 你看，我多想打你屁股——孩子的暴力，父母的暴力

應該來講一講打屁股和暴力的問題……

是父母的暴力嗎？

……對孩子的暴力。這裡有一位難以自我控制的母親，要先澄清一下，她有三個自己非常疼愛的孩子，長得都很好看，也都是她期待下出生的孩子。他們分別是五歲半的女兒、三歲的兒子和七個月大的兒子。最小的兒子出生的時候，大女兒開始很不喜歡出生在她之後的那個弟弟——這裡指的是三歲的弟弟。對此女兒解釋：「因為他不好看。」而當母親對她說：「可是他長得像爸

爸，所以他很帥啊！」女兒頓時哭著回答：「不對，是我長得像爸爸。他不好看，我不喜歡他。」這就是這個家庭的寫照。

現在來說一說眞正的問題。這位母親寫道：「有時候我感覺自己被這些事情弄得受不了了。我失去了耐心，也無法控制自己。我氣昏了頭就會打孩子。」她還說明：「我被自己的暴力行為嚇到了。有些時候，我討厭自己的女兒。我會使勁地搖晃她來表達對她的厭惡，還會用一種，怎麼講呢，『惡毒的眼神』瞪著她。你們能明白嗎？我渴望和諧與平衡，可是卻任由自己以暴力和野蠻的方式來打女兒。」來信最後寫道，自己確信打孩子屁股，實在是失敗的表徵。

這封信裡有兩件事情很有意思。一方面，女兒不想承認大弟長得像爸爸，或許是因為母親沒有跟她解釋清楚「長得像」這句話的含義。孩子肯定聽過周圍的人說她長得像自己的父親（就像大家會說：「他女兒跟他像是一個模子印出來似的」），這意味著什麼呢？對照她爸爸小時候的照片，小女孩長的真得很像爸爸！可是這位母親沒有詳細說明：「你們長得當然都很像你們的爸爸，因為你們的爸爸是同一個人啊。不過你弟弟是男孩，他長大以後會變成一位父親。妳以後會變成一位母親。你們性別不同，妳弟弟的性別和爸爸一樣，妳的性別和我一樣。即使妳長得像妳爸爸，正如我長得像我爸爸。妳知道，還是不一樣的。」相似程度對於孩子而言就是指臉部相像，而不是性別相同。如果大人不透過語言跟孩子解釋清楚，孩子是不會明瞭的。否則就好像這位小女孩的弟弟，僅僅因為自己是男孩，就從姊姊身上奪走了做為父親孩子的資格。而且，當女兒看到第三個出生的孩子不是小妹妹，肯定感到很失望，因為這樣一來家裡的女生陣營就沒有那麼強大了。再者，小女孩肯定很嫉妒母親有了一個小寶寶，而她自己也想有一個小寶寶。因為三歲大的時候，所有的小女孩對此都會嚮往的。

更不用說到五歲半吧。

第一個弟弟出生的時候，她可能並沒有妒忌，因為當時她只有兩歲。可是小弟弟出生的時候，她已經五歲半了。因為已經有兩年的時間，她都在期待自己的爸爸可以給她一個小寶寶，可是現在卻得放棄這個念頭。顯然很不容易。

可以肯定的是，藉由打孩子屁股並不能讓這位母親解決問題。

她說：「這讓我感到絕望。」

那麼，當她感覺到自己的手快要打到孩子屁股上時，是否可以趕快到另一個房間，然後打在一個抱枕上呢？這會有趣多了。然後她可以對看著發生這一切事情的孩子說：「你看，我太想打你屁股了，所以我就打在抱枕上了。」如果孩子想玩的話，也可以和母親一起打抱枕，一切就會在兩人的笑聲中結束。我想這位女士應該能夠把自己的憤怒轉換成玩樂，因為「開懷大笑」也是一種結束紛爭的方式。不要把一切都看得太悲情了。

我想額外補充一下，很多有點「老派」的家長給我們來信，認為目前對孩子放任得太離譜了，還是應該偶爾打打孩子屁股才對。

也就是說打屁股可以讓家長得到紓解。

您有沒有打過自己孩子屁股呢？

從來沒有過。首先，我應該是完全沒有辦法做到的。以前當我生氣的時候，我會很兇地對孩子說：「小心！今天，我是黑豹！」他們就會笑著說：「小心黑豹媽媽啊！要出事了！」然後趕快跑去另外一個房間。當然總有些日子我們會發火，那就應該對孩子說出來，警告他們，然後讓他們離開我們所在的房間。偶爾兇孩子一下是沒關係的，不過要試著別像這位來信的媽媽那樣漲到高壓爆發的程度。我想，這位媽媽在給我寫信把問題說出來之後，對她應該就會有幫助。我也曾經和她的情況一樣，所以我知道有三個年齡差距小的孩子是很不容易的。當我們感覺到很生氣的時候，應該不要讓孩子待在我們身邊。

這位女士在來信的結尾寫到，女兒的態度以及自己對女兒的粗暴行徑讓她很擔憂，甚至於讓她考慮自己與女兒兩個人是否都需要去找心理師看看。

她的女兒是肯定不用去看的！不過她也許可以找一位女心理師兼精神分析師談一談。而小女孩，應該找一些適合她年齡的活動，這樣就不會一直跟自己的弟弟們和媽媽待在一起了。這小女孩看到媽媽在照顧屬於自己的寶寶，而她什麼都沒有，這對小女孩來說是很難受的。這位母親應該試著與一位女性親屬或者女性朋友協商，能不能讓孩子離開家裡幾天，或者讓女兒去一個女生小朋友家住一晚，這樣就可以緩解一下。另外父親也應該照顧一下自己的女兒，我相信這樣可以讓母親鬆一口氣的。

這裡有一個很不同的案例，它反映出了孩子身上萌生的虐待現象。來信的女士在這個問題上

持有的觀點很特別，與您的觀點相去甚遠。我認為這也反映了某些家長的思想觀念。她寫道：「當我兒子五、六歲的時候（他現在十五歲了），有一天，他對我們家的小母狗做了件很殘酷的事情：他把狗的四條腿綁在一起，然後把牠扔到雨裡不管。於是我的做法是：在我母親的協助下——儘管這麼做讓我們很不好過——我們把孩子的雙手和雙腳綁在一起，同樣把他捆了起來置之不理。當然不至於讓他淋雨，只是在把小狗吹乾的那段時間裡把他捆了起來。」她繼續寫道：「從此以後，他就再也不找麻煩了……」來信的結尾這麼寫道：「別把我們看作是施刑者，要嚴懲自己孩子的虐待行為實在是太難了，可是必須這麼做才行。」我得承認……好吧算了，這就是一個案例。您認為這麼做是否是最好的解決辦法呢？

她在信中有沒有說到，之後兒子對待動物就變得極度地善良友好了嗎？

不但對動物友好，對其他的孩子也很友好了。

首先，這樣的懲罰方式在我看來實在有點可怕。然而，這位媽媽對處罰兒子的左右為難，讓我對她的行事方式改觀：她這麼做是從自己做為家長的角色出發，也就是撫育孩子，讓他能夠成為一個真正的人。這與另一種情況完全不同，比如說因為孩子「咬」了父母，而父母出於報復加重地「反咬」孩子。在這個案例裡面有兩件事情值得注意：首先，孩子已經大了，他當時已經快六歲了，有能力去思考；其次，孩子好像沒有父親，因為只有母親和外婆在行動。我想要是父親當時在場的話，他是可以跟孩子講道理的。這位母親要是今天再對兒子講起這段往事的話會很有意思的，可以知道兒子是否還能回憶起這件事端，看看他是否還記得自己曾經殘酷地對待過動物，也問問他是否想過有沒有其他辦法來處理類似的事情。因為我們只能藉由參考實際案例，來為這一類的事件找到解決辦法。

當然。不過家長反過來使用虐待的方式，會不會變成一種危險遊戲呢？

會的，這種方式會導致孩子重啓虐待的行為，因為孩子對在強迫中或者在忍受中引起的強烈刺激，會產生出一種反常的喜好。對於這個已經「長大了」——看起來也很聰明的——男孩而言，這次懲罰是順利地過去了。可是這種「以暴制暴」的態度對更年幼的孩子是要絕對禁止的。因為孩子對動物的暴力行為通常來自於幼年，無論對或錯，他們曾經感受過比自己大的孩子或者過於嚴苛的大人對自己的「虐待」：例如，在完全沒有解說告知的情況下，被帶去住院，對自己在治療時遭受的痛苦也毫無反擊之力；要不就是由於其他的原因，有時候也可能只是純粹的心理因素。生活中或者電影中的某些故事或畫面，也可能會存留在孩子的記憶裡。有時候虐待動物的也會是一些身體虛弱的孩子，他們承受著身體不舒服，或者被自己週圍的人排斥，毫無快樂可言。

同一位來信的聽眾還講了自己朋友類似的案例，朋友的兒子很害怕醫生來診病時給他打針；有一天，這個兒子用別針去戳自己的狗，隨後他媽媽也對他做了同樣的事情。她信中寫道：「他明白自己做了什麼，現在他是個溫和又可愛的十歲男孩，非常呵護自己的狗。」

這個例子是由那位向我們敘述了上一個案例的人描述的，看待問題的視角當然就是一樣，不是嗎？不過這個孩子害怕打針，或許是因為大人沒有跟他解釋醫生這麼做是為了治療他。然而治療小狗，打針的事情則應該由獸醫來負責才是。這個案例裡，這樣的懲罰看起來是起作用了，可是我不會說使用這樣的方法是好的。總而言之，對前面兩個案例，沒發生什麼不好的事情最好！然而我們應該還是要問問孩子，他們當時是否也覺得這是個好辦法呢？1

1 作者註：教育者使用同樣暴力的態度回應孩子的暴力行為，後者究竟會不會隨著成長而改善呢？小偷會被偷，欺負別人的人也會被欺負……以其人之道，還治其人之身並不高明！一些長不大的成年人常常一衝動，便毫不冷靜也沒有同情心地使用以牙還牙的法則……成年人在教育孩子的時候，如果只能停留在這個層面，是很可悲的。

4 媽媽抓狂，兒子顫抖——惱怒的母親

現在我們要討論的這個話題往往會讓許多母親有「罪惡感」。這個話題中的女性，由於想要為自己的孩子付出一切，最終卻讓自己和孩子都陷入惱怒的狀態中。首先我們再來談一下全職母親的問題，然後再慢慢地進入主要話題吧。您之前曾經說過，全職母親在家裡對孩子的陪伴，只在孩子大約兩歲半、三歲之前的這段時間才有必要，對此我們收到了一些聽眾來信反應。一位女士提醒您：孩子們上小學以後，有作業要做，因此也許比三歲以前更需要母親在家陪伴。她寫道：「並非因為孩子一整年都要去學校，所以他們放學回家後就不需要自己的母親了。另外還有放假期間的問題呢！想像一下讓孩子們十二個小時單獨待在家裡，全權自行負責，會怎麼樣呢？」

我說過，就我看來，直到孩子可以活用肢體協調自如以及使用清晰的語言表達與他人接觸之前，母親的陪伴對孩子而言是有必要的。也就是說，對於成長健康的孩子來講，差不多一直到兩歲又一個月、兩歲又四個月大的年紀都需要母親的陪伴。而且，我說過只有在孩子平時能夠接觸到其他大人與小孩的情況下，全職母親對孩子才是有利的。因此，我才會建議全職母親要與其他的母親聯合起來，三、四個媽媽之間每週以相互接力的方式輪流照看孩子，好讓孩子們也習慣在一起相處。其實什麼時候開始這麼做都不會嫌早，母親之間的互助也是相同的道理。

尤其是一些獨自在家的全職母親，因為獨自照顧孩子而變得很煩躁，就像人們說的，她們「快發瘋了」。這樣的母親對孩子來說一定是不好的。在這種情況下，如果她們白天不能見到其他的母親的話，最好還是去工作，並且把孩子送到托兒所。寧可孩子只在晚上見到一個放鬆的母親，也不要一個抓狂又神經緊繃，一整天大吼大叫，等到丈夫下班回家時已經筋疲力竭的母親。如果一個母親願意為孩子的全程教育待在家裡，到了晚上還能夠不讓自己瀕臨崩潰邊緣的話也未嘗不可。

對孩子來說，放學回到家要是有母親在家照顧，一定是很開心的事情。不過尤其是從六、七歲開始，到了節日以及寒、暑假時，孩子要有一些生動又有啓發性的課外活動才好。由於母親常常家事纏身，未必總有時間陪伴孩子做這些活動，因此重要的是，讓孩子能夠在自己家庭以外的地方參加一些有創造性的娛樂活動。況且孩子也需要與其他的孩子在一起，像這樣的活動場所到處都能夠找得到。或者可以比照孩子還年幼的時候一樣——幾個母親可以協商分組，由其中一位母親每週三把孩子聚在一起，設計一些活動。比如說這個星期三，其中一位母親讓孩子們製作布偶；下個星期三，另外一位母親帶孩子們出去散步等等。母親之間應該相互幫助，讓媽媽們不再感到與孩子遺世孤立，也不再感到孩子帶來的種種負擔是束縛。孩子應該學會與他人相處、習慣社交，要達到這些目的，應該先由母親之間開始以身作則。

還有關於全職母親這個議題的來信：「有一次您曾經談論過一個例子，一個四歲的小女孩令人無法忍受。我不理解為什麼您建議那位母親重新開始工作，因為那位母親說她想留在家裡，就是為了能夠更妥善地撫育孩子。」

那個例子裡提到的小女孩，母親說她變成了家裡的「小希特勒」。而且，大家都不明白為什麼小女孩的姊姊——這個小時候沒有受到母親特別照顧的姊姊——卻變成了妹妹的出氣筒，任由妹妹欺負。我認為是孩子與母親的關係中出了一些問題，因此當時才建議那位母親恢復工作。因為如果一個四歲的孩子待在家裡不快樂，而且讓其他的家人也不快樂，是很糟糕的。母親和孩子一起待在家裡，是為了能夠有更多的交流，共享在一起的快樂。否則實在大可不必。由於孩子從三歲起就不再需要**自己的**母親了，對您提起的那個小女孩以及對她母親來說，最好的解決辦法就是讓她們白天分開。這個小女孩並不快樂，這樣既耽誤她自己的生活，也讓姊姊的生活變得糟糕。至於這位母親，她回歸家庭幸福生活的美好夢想又在哪裡呢？

這裡有一位母親，猶豫了很久才給您寫信。她因為吐露了自己的心聲而感到有點難為情：「我不敢向您陳述自己的問題，怕您會認為：『這女人不知道怎麼解決自己的問題，還像個孩子！』可是後來我想應該不會這樣的！我認為您是不會這麼想的。我太需要對您講一講我的問題了。」接著她解釋道，自己非常容易把事情悲情化，常常讓自己哭泣，可是她所描述的事情其實是上百個家庭每天都會碰到的情況。她有一個十六個月大的兒子，身體很好、吃飯也好，雖然睡眠淺還是睡得很好。總結一句話，這個孩子的成長完全沒有問題，可是他很任性。母親寫道：「孩子整天都在大聲喊叫，萬一他叫我的時候，我沒有轉過頭去，他就會大叫。這麼說自己的孩子可能不太好，可是現在我實在受不了了。」她描述了自己典型的一天：「早上真是令人難以忍受，孩子七點左右醒來，就開始大叫。從他看到奶瓶那一刻起，就根本無法耐心等待熱好奶瓶。洗澡的時候更糟糕，他拒絕接觸水，我根本無法幫他洗臉和洗屁股，就連清洗耳朵或者幫他剪指甲都不可能……我本來是很有耐心的人，可是我得承認，從三、四個星期前開始，我打孩子屁股的次數越來越多，眞的讓我非常難過，而且還不見得有效果。」她繼續寫著：「當孩子跟他父親在一起的時候，如果我走出房間，他會比跟我在一起的時候安靜得多。我給您寫這些，是因為有些事情我不敢對自己的丈夫說。」很顯然，要是丈夫晚上回來的時候看到孩子很安靜，他應該會覺得自己的妻子把事情說得太誇張了。

他也會覺得自己的妻子透支了，並且頻臨崩潰的邊緣。我認為這個孩子非常聰明，可是看起來他似乎還不會說話，所以才用喊叫的方式來表達。我想這是因為從他九到十個月大開始，大人沒有用語言跟孩子解釋他所觸摸的東西以及他能做的事情。或許他甚至已經被訓練得能夠自我控制大小便的括約肌了。也或許是這個孩子曾經被粗暴地對待，由於曾經被奪走東西而產生了搶奪的需要。對這個孩子來說，母親或許代表了那個曾經被奪走並且屬於自己的部分，在不能用語言表達的情況下，他無法替代缺失的那個部分，也無法與母親進行溝通。是不是這樣，我也不知道。也或許是這個孩子並不常常見得到別的孩子？

不過一個十六個月大的寶寶需要見到其他的孩子嗎？

有的孩子需要。自從孩子九個月大，開始用雙手雙腳在地上爬行，他就需要學著去觸摸家裡所有的東西，並且需要知道這些東西叫什麼，尤其不要強迫孩子在幼兒便盆裡尿尿或大便。這個孩子的問題或許是這麼來的：孩子已經被媽媽物化了。比如媽媽只把孩子當作是要洗的東西。然而，十六個月大的孩子已經可以在水裡拍水玩耍了，媽媽不需要幫他清洗。既然媽媽在家裡，完全可以放好洗澡水，然後把孩子放在澡盆裡，這樣就可以了，孩子會自己玩的。半個小時之後，孩子就乾淨了。這個孩子的生活好像與他同齡的孩子不一樣。至於母親，她真的需要多休息，這樣在丈夫回家以後，她還能夠擔起做妻子的角色。

她無法應付這些事情。

這樣的話，她可以試著把孩子交給一個保姆照顧，或者也可以把孩子留在托兒所一整天，至少三、四個星期，讓自己可以在這段時間裡復原過來。應該讓父親接送孩子，這樣她就可以不用那麼勞累。或者她有可能需要去「母嬰之家」，是有這樣的地方，可以接待母親和孩子，因為目前情緒低落的是她。正因為母親的抑鬱，孩子才不知道自己在做什麼，情緒也變得一觸即發。不過對這個案例我沒有足夠的資訊，也無法多講什麼。我只能簡單地提醒一句，一個喜歡玩水的孩子會是個身心健康平衡的孩子，一個與父親獨處時可以安靜的孩子也是。

放下這封來信，我想向您請教一個稍微籠統的問題。您說十六個月大的孩子不需要洗耳朵、剪指甲或洗臉，難道不怕會讓很多母親氣得跳腳嗎？

會啊。可是這個孩子和別的孩子不一樣：幫這個孩子洗澡，就好像要剝他的皮一樣。我不知道他為什麼會變成這樣，可是在這種情況下，最好不要再拿洗澡這類的事情來讓他不安了。我覺得這個孩子似乎自己感覺到有點被母親太過於物化了。母親好像會懼怕孩子，而孩子則覺得和母親在一起沒有安全感。事實就是當父親在場的時候孩子很乖——這個孩子平常比較少見到父親，父親也很少會我們所說的——「跟在孩子後面不斷下指導棋」。這個小男孩讓我想到一幅被拔了毛的雞的畫面，而母親則狂抓自己的頭髮！

她最好還是不要狂抓頭髮吧！

是啊。她要減少幫孩子清洗的工作，她可以把孩子放在澡盆裡，然後讓孩子自己玩。還有，當孩子大聲喊叫的時候……她唱歌好了！這就行了。可是她做得到嗎？我認為她需要休息，放下孩子給她帶來的負擔。

另一位母親給您寫道：「我有一個不滿一歲的女兒，我很愛她……只有在她不哭的時候才愛……」

她不喜歡活生生的孩子！

「……我知道這樣做不好，可是每當女兒哭的時候，我責罵她的聲音會比她的哭聲還要大。」

未來實在堪憂。

她問：「您能否告訴我，當我按捺不住要大發雷霆的時候，該怎麼做……」

這位太太，去做心理治療吧！

「……因為我感覺女兒有時候會怕我。」

這不意外。因為這位女士不能自我控制。另外，她的筆跡也證實了這一點。這位女士正處在情緒爆發的邊緣。她愛自己的女兒，這是肯定的！然而事實上，她愛的是一個想像中的孩子，而不是現實中的孩子。她一定要去做心理治療。我確信她找得到自己曾經被這樣對待過的記憶，因為一個女人會用自己曾經被對待過的方式來對待自己的孩子——在她年幼兒哭鬧的時期，並非一定是她自己的母親曾經這樣對待過她，也可能是其他不常接觸的人這樣對待過她。總而言之，她的擔心是有必要的。她應該去做心理治療——不是要她服用一些鎮靜的藥物——心理治療的目的完全不在於此，而是藉由定期向專業人員傾訴的方式來明白，在她面對孩子自然表現出敏感與活力的時候，自己內心發生了什麼。

5 想像力的領域——聖誕節、傳說與玩具

藉由不少提問，讓我們感覺聖誕節快到了。

孩子興奮，而家長擔心！

的確如此。一位兩歲小男孩的母親給您來信寫道：「這是我第一次眞切地感受到聖誕老人的故事與我有關。我不知道是否應該跟一個孩子談聖誕老人，我覺得，跟兒子講這個從煙囪裡降下來給孩子禮物、有點神話色彩的人物，好像跟孩子撒了一個彌天大謊。有沒有可能保留神奇色彩的部分——您說過孩子們需要這樣的事情——然後只跟孩子講一講聖誕夜就好，像是，當夜幕降

臨，孩子都睡了，父母親把禮物放在鞋子裡等等。沒有聖誕老人，我們還是可以讓聖誕節充滿夢幻的氣氛嗎？」她還說：「我想主要還是成年人用自己創造出來的聖誕老人在自得其樂吧？」

這位女士不需要給兒子講聖誕老人，畢竟他只有兩歲。她可以說：「我們把鞋子放到壁爐前，明天一早就會有禮物了。」只不過兒子以後會聽到身邊其他的孩子談論起聖誕老人，某一天，他會問媽媽：「聖誕老人存在嗎？」她可以回答：「我不知道，不過我知道聖誕節會有禮物。」還有，我已經說過了，大家心裡都會想要送給別人一些充滿驚喜的禮物，我們就叫它聖誕老人的禮物……她想怎麼做就怎麼做，不是嗎？這確實是一個美麗又詩意的故事，是想像力的領域，不過現實也很重要。我想應該保留這兩方面，不要認為當我們跟孩子講傳說故事的時候就是在對孩子說謊。

傳說不是謊言，它是伴隨著社會習俗而出現的一種社會真相。重點是要避免把社會習俗只當作慣例來因循，而忽略了其中的意義。我想到那些平時總是吵翻天的父母，突然有一天「慶祝」起聖誕節：晚餐雖然比平時好一點，然而又是威脅孩子不會有聖誕禮物，又是爭吵又是責罵，還把聖誕老人「送」的玩具沒收了。這樣慶祝節日的意義又在哪裡呢？

說到孩子，大人可以在孩子希望打扮成聖誕老人的時候幫孩子打扮成聖誕老人，也就是說孩子三歲半的時候吧，他就會是那個把禮物放進爸爸媽媽鞋子裡的聖誕老人。要是孩子在商店裡遇到聖誕老人，大人可以對孩子說：「你看，這是某位先生裝扮成的聖誕老人。」孩子會問：「那真的聖誕老人呢？」「真的聖誕老人？沒有人知道。他不喝水，也不吃飯，沒有爸爸媽媽，沒有出生過，也不會死。他是一個想像中的人物。」孩子聽完就會明白了。

這位女士還有另外一個關於童話的問題。的確，到了聖誕期間，我們都會想：要送什麼禮物呢？該給誰送什麼禮物呢？哪種類型的童話該送給哪個孩子呢？她寫道：「我認為某個年紀以前，不要對孩子講像〈小拇指〉、〈白雪公主〉或者是〈瑟岡先生的山羊〉（La chèvre de monsieur Seguin）[1]這類的故事。」

是的。他兒子還沒到聽這些故事的年紀。

但是她聽說不必擔心這類故事會讓孩子不安。她寫道：「有人對我說，這些類型的不安會減輕孩子身上已經存在的焦慮感，或是至少可以疏導焦慮。我不知道對此該怎麼想，因為大人總是很想給孩子講一些嚇人的故事，這樣子一定會讓孩子很入迷。為了吸引孩子的注意力，恐懼心理是否眞的必不可少呢？就像聖誕老人的說法一樣，我覺得成年人對孩子輕信的反應，還眞是樂此不疲。」

既然她對事情是這樣覺得的，那麼對孩子她就按照自己的感覺去做，就是這樣而已。另外一位母親或許對這個問題的感受會不一樣……沒有什麼好與不好，也沒有「應該」或「不應該」。一切都要看孩子的敏感度，通常孩子的感覺與父母的感覺相像。有些喜歡講恐怖故事的孩子就很喜歡這類的故事。無論如何，重點在於要讓孩子畫一畫他們的故事，還有當大人為他們講故事的時候，要讓他們看故事的畫面。孩子需要透過畫面把敘述的故事呈現出來。這個小男孩為我畫了一張圖畫，就證明了他覺得需要給媽媽的信配上圖畫，以便把他自己的問題也寄給我，並且建立起他自己和我之間的溝通。

然而，我想她說得有道理：十七世紀貝侯[2]的童話原先是給成年人聽的故事，後來才變成給孩子聽的童話，不過不是給兩歲孩子聽的。

那麼是給幾歲的孩子聽的呢？

是給六、七歲的孩子聽的。這些象徵性的童話一定會在孩子的無意識中引起共鳴，與孩子小時候曾經有過的恐懼相吻合，比如：外在的世界太大而需要找到回家的路，或是當孩子聽到媽媽大聲叫道：「哎呀呀！沒有糖了！忘了買糖了！今天是星期一，到處都關店啊[3]！」突然間，孩子會想：「哎呀，會不會缺了什麼東西啊。」當媽媽們感覺到她們的孩子對類似這樣的話語很敏感的時候，可以對孩子說：「你看，這就是我們講過的那個故事！」因為一旦在現實當中經歷過之後，一件小事有時候也會顯得很嚴重——尤其要是媽媽把完全不重要的事情說得很誇張的時候。其實這些事情並不嚴重，然而孩子本身是看不到其中細微差別的。

那也就不必把《瑟岡先生的山羊》這樣的故事書扔進火爐裡了……

要知道，這些童話被寫出來和被講出來的年代，所有窮人家的孩子都缺衣少食，而且要知道，童話會回應出大人對自己童年時期存留的幻想。現在的孩子無論對什麼都能虛構出故事，就讓他們去編吧！我向你們保證，孩子不會去聽他們不感興趣的事情。當然也不應該強迫孩子去聽一個只讓我們大人開心的故事，也不應該像這位來信女士說的以「成心嚇唬孩子」的方式去做。每個母親自己怎麼想就怎麼去做，也不是只有唯一一個「好的方式」去想去做的。童話對於喜歡的孩子來說就是好的。一般來說，孩子喜歡童話是因為他們的母親不覺得童話內容很蠢。然而還是有一些母親會讓自己的孩子自責怎麼會喜歡那些不真實的故事……於是這樣的孩子就會假裝輕視所有想像中的事物……結果他們就會鄙視文學！

這裡有個關於玩具以及依據不同年齡的孩子該給他們哪種類型玩具的問題。許多家長都有這樣的疑問。我們也常常說到教育型玩具。應該清楚地說明一下，一種是教育型的玩具，另一種是非常商業化的玩具，或許沒有太大的意義。您對這個議題有些什麼想說的嗎？

這很難。我認為給孩子的玩具首先應該是孩子想要的玩具。這樣的話，事情就簡單了，媽媽可以在閒暇時帶著孩子到商店逛逛。當然啦，帶著什麼都要摸、都要碰的孩子，是要避開人多的時候。（媽媽可以提前到某家商店問問：「我們什麼時候來不會麻煩你們？因為我想看看我孩子在所有的玩具當中會對哪些感興趣。」這樣才能弄清楚孩子喜歡的玩具。）在一、兩個小時內，媽媽就讓孩子自由地逛，然後可以一邊眼神留意著孩子，一邊和商店裡的人聊天。售貨員可以跟著孩子，以免孩子出狀況，同時也可以跟孩子說話——不要讓媽媽來做這件事，否則讓媽媽感興趣的玩具就必然會讓孩子感興趣（我說的是五歲或七歲以下的孩子）。媽媽要記下吸引孩子的玩具是哪些，然後看看錢包裡可以支付哪些——因為這也是要考慮到的。

如果是孩子不在場選玩具的話，我想別忘了所有類似拼組的玩具，都會讓五歲以下的孩子很感興趣，像是：拼圖、積木、木偶以及可拆卸組合的玩具（不過不包括那些可拆卸的玩具娃娃。比如現在製作了一些頭、手臂、腿很容易就會脫落的玩具娃娃，只是為了迎合家長，因為這樣的洋娃娃摔不壞——可是對孩子來說就不太好，因為玩具娃娃代表的是人的樣子，是讓孩子去哄去愛撫的。）還有一些能夠啓發孩子幻想的玩具，它們比功能繁複的機械玩具好。後者使用壽命不太長：我們會搖晃玩具，轉動鑰匙上發條，玩具會運轉一整天，然後，就壞掉了。或者我們把發條鑰匙弄丟了，或者孩子完全不再對這樣的玩具感興趣了。家長可能覺得啄食的玩具鳥或者會跳的玩具青蛙很好玩，可惜不會讓孩子持續感興趣太久。其實，什麼都不如那些堅固的小玩具，像是玩具小汽車自然就會吸引孩子，甚至過了童年時期，有時候孩子到了十四、十五歲還是喜歡。另外那些孩子可以自己組合再拆掉重組的玩具；而電動小火車[4]——大家都知道首先是父親會喜歡的，可是十二歲左右的男孩子也會很喜歡，因為這個年齡之前他們還需要父親。至於玩具娃娃嘛，我反對那些什麼都會做的洋娃娃（比如按這裡就哭，按那裡就尿尿等等），這種玩具娃娃還有什麼不會做的啊？正是因為這樣，成了它的缺點。孩子對重複的事情完全不感興趣，因為孩子希望能夠對一個東西充滿幻想。如果我們給孩子一個這樣的玩具娃娃，那就算了，總比什麼都不送好，然而這不是孩子想要的東西。

一個會說話、會走路、會吃奶的洋娃娃……

這些只是吸睛的科技物品而已。對孩子來說，用來哄抱的玩具娃娃可不是這個樣子的。孩子喜歡的是那些軟軟的、摸起來舒服、臉很好看，還有許多衣服的玩具娃娃。我也不知道為什麼會流行製造一些斜著眼珠的玩具娃娃，這讓我很驚訝；聽說是因為那些直視孩子的玩具娃娃會讓孩子感到不安。或許曾經有過膽小的孩子拿著這種玩具娃娃的時候感到不安，於是就下結論：不應該再製作正面直視人臉的玩具娃娃了。我並不覺得這樣的玩具設計很聰明，因為當我們看著一個斜視我們的玩具娃娃時，不會覺得自己是這個小寶寶的媽媽，不是嗎？

再一次強調，我們要信任孩子們……

還有一件事情大部分的人都不知道，就是充氣的氣球（比如有那種一包一百個氣球），對稚齡的孩子，甚至對七、八歲的孩子來說都是很奇妙的。氣球在家裡並不危險，不會損壞窗戶也不會弄壞東西。孩子可以拍氣球，可以吹氣球、放氣，捏氣球或者把氣球戳破。氣球類的遊戲真是太棒了。

另一個問題是：您怎麼看那些體型非常巨大的絨毛玩具？

非常巨大的絨毛動物玩具或大型玩具娃娃對孩子是危險的。當孩子醒著玩這類大型玩具時，孩子與玩具的整體體積比例差異並不重要。然而糟糕的是在某些時候，例如孩子疲憊或生病的時候，房間裡的這類大型玩具，就會比孩子本身佔有更多的空間優勢，這樣一來，孩子會感到自己更為弱小。其實，孩子的玩具（無論是絨毛玩具熊還是玩具娃娃等等）都不應該超過從孩子中指到手肘內側的長度——對每個孩子而言，都是合適的大小——因為這正是嬰兒相對於成人的比例。

依舊是關於玩具的話題。這裡有一個非常令人驚訝的案例，來信的是一位有三個女兒的母親，孩子分別是五歲、三歲和一歲。信中說：「年底的時候，孩子通常都被寵得太過頭了。有一年，我的大女兒和二女兒在收到了超過十二份禮物後，甚至盡情地踩踏剛收到的一套家家酒玩具，直到把玩具踩碎為止。」媽媽把這套被踩碎的家家酒玩具扔進了垃圾桶，接著，孩子們也趕忙把自己不再喜歡的玩具都扔進垃圾桶裡。她接著寫道：「從此以後，當女兒們收到禮物的時候，我們只讓她們拆開包裝看看，然後就把玩具收走，並對她們說：『這是妳的玩具，妳有的是時間玩。』並且在這個家裡建立起一套規矩：每次只給孩子玩一個玩具；如果女兒要玩另一個玩具，就要把

之前的玩具先收好。孩子要去找母親，並且給母親看她們已經把之前的玩具好好地收回盒子裡了，才會被允許去拿另外一個玩具來玩。」這位母親在信的結尾寫道：「我會避免送她們喜歡的玩具，好讓她們可以至少去夢想一些難以得到的東西。」

真是令人難以置信！這位母親想要讓她的孩子去憧憬某些東西……事實上，這麼做會帶來相反的的結果。她的女兒們反而不會去憧憬了，因為她們完全在現實裡！還有，這位母親不理解節日——從盡興這個層面的含意來說，「過節」就是要狂歡作樂——對孩子來說可以是把玩具玩到支離破碎的。尤其是這位母親不明白一個弄壞了的玩具，只要部件不危險，都應該要留在玩具箱裡。因為跟全新的玩具相比，孩子有時候更喜歡玩玩具的部件。我得說這位女士這樣的教育風格一定會在將來給她的孩子帶來很嚴重的心理問題。玩具絕對應該全權屬於孩子，孩子對玩具做什麼都與父母無關。給了孩子的東西就是孩子的了，只要是孩子覺得好玩，即便把玩具弄得面目全非也未嘗不可。

家長對送給孩子的玩具沒有管制權。

是的！父母沒有這種權利。另外，永遠都不應該沒收一個孩子的玩具。這麼做是很殘忍的。要是有人把一個小孩從母親身邊沒收了會怎樣呢？大家都很清楚，玩具就是孩子的小孩。這封來信讓人無法接受，以至於讓我們會懷疑這位來信聽眾是不是在跟我們開玩笑。然而又不是，她看起來是當真的。

而且五歲、三歲和一歲的孩子還太小，還不會整理東西。

孩子在四歲之前都不可能安全無虞地整理東西。大人可以從孩子四歲開始幫助他整理東西：孩子收拾十分之一，然後媽媽收拾完剩下的部分。就像我曾經說過的，晚上孩子要去睡覺的時候，父母可以和孩子一起收拾，因為同時所有的東西也都要去睡覺了。白天，世界是圍繞著孩子生活的；而孩子的世界，就是分散在他周圍的玩具；晚上，我們收拾好玩具，這就是生活！信中提到的這些孩子生活在一個……不人性化的世界裡。

好的，我希望這位母親能夠對此加以思考！

總而言之，我建議家長送給孩子他們想要的玩具，不要把孩子的玩具藏起來，也不要在孩子接到玩具之後又把玩具沒收了。如果孩子不再想要某些玩具，他們可以把玩具收到某個地方，然後持續玩同樣的玩具。一個孩子的玩具就是屬於他的了。至於如果孩子要送出自己沒有玩過的玩具，也很好，只不過要讓孩子自己來選擇送出哪個玩具。家長不要以為孩子總是應該送出完整的玩具，醫院或托兒所都需要玩具，也需要全新的玩具，不過不只限於新玩具。因為在醫院或托兒所裡面的孩子收到被弄壞了的玩具往往比收到嶄新的玩具還高興，孩子喜歡玩具的部件。

另一個關於玩具的問題。這封信來自一位媽媽，她向您詢問是否總是應該給雙胞胎（十個月大的龍鳳胎）買雙份的玩具？

十個月大！不，我覺得十個月大，最好還是要給他們不同的玩具。偶爾給孩子買兩個一樣的玩具也可以，但是不應該成為原則性的做法。當孩子長大，如果各自要求一樣的玩具，這麼做也未嘗不可。我建議雙胞胎至少在服裝方面要有所區別，這樣可以讓他們交換衣服，兩個人不要總是穿得一模一樣，要讓同學有辦法區分他們，尤其是長得很像的雙胞胎。不過這封來信不屬於這種情況，因為是一個男孩和一個女孩，最好讓他們有不一樣的衣服和作業本。不過如果是玩具的話，對所有的孩子都同理，就是大人要給孩子他們想要的玩具。如果兩個孩子想要同樣的玩具，那就給他們買一樣的！但是不要把雙胞胎或年齡相近的孩子，當成是送同樣玩具的原則。

1 譯註：〈瑟岡先生的山羊〉（La chèvre de monsieur Seguin）是法國寫實派小說家阿爾封斯．都德（Alphonse Daudet, 1840-1897）《磨坊書簡》中的一篇小說。故事內容敘述瑟岡先生已經養過六隻山羊，都被狼吃掉了，因為牠們想嘗試山上的自由。瑟岡先生又養了第七隻羊，布蘭凱特（Blanquette），瑟岡先生對牠很好，但是日子久了，牠還是和之前的羊一樣，開始感到無聊。牠向主人吐露自己嚮往山上的願望，卻被主人斷然拒絕並將牠關進馬廄裡。瑟岡先生牢牢鎖上了馬廄的門，卻忘了關上窗戶。布蘭凱特就從窗戶跳了出去，興奮地奔向山上，度過了美好豐富的一天。不覺夜幕降臨，野狼開始嚎叫，儘管此時瑟岡先生的號角聲也急急響起，布蘭凱特還是決定不回到自己原來的地方，決定與野狼一戰。戰鬥持續了一整夜，黎明時分，布蘭凱特筋疲力盡，渾身是傷癱倒在地，任由野狼吞噬。

2 譯註：夏赫勒．貝侯（Charles Perrault, 1628-1703），十七世紀法國詩人、作家，以童話集《鵝媽媽的故事》（Contes de ma mère l'Oye）聞名，其中家喻戶曉的故事有〈小紅帽〉、〈小拇指〉、〈長靴貓〉、〈灰姑娘〉等等。

3 譯註：法國許多商店會選在週一公休。

4 譯註：這裡提到的「電動小火車」，應指縮小版的鐵路模型遊戲，按照比例和主題複製有關火車和鐵路世界的模型活動。目的是設計和裝飾一個以火車為核心的逼真場景。

6 現實與幻想——逃避、恐懼與謊言

這裡有三封完全不一樣的來信，但觸及了同一個問題，那就是某些抗拒現實的情況。首先第一個家庭案例是，家中有一個五歲的大兒子，二兒子兩歲又兩個月大，還有一個四個月大的小女兒。大兒子小時候哭的方式很令人擔憂，根據帶大他的奶奶和外婆說，他哭不出聲，並且會一直憋到快喘不過氣來為止。大家都擔心他會喘不過氣來。

這與我們說的「屏息症」[1]很接近。

之後，這個問題就解決了。可是現在輪到他弟弟讓家人擔心了。據說弟弟哭的時候，發不出聲音，但是會哭到讓自己「動彈不得」為止。他會變得僵直，雙手和身子向後仰。[2] 這些症狀發作之後，他會出現失神、驚訝以及非常疲累的樣子，對發作毫無記憶。當大人發現他開始出現這類發怒的症狀時（對此要非常留心，因為通常是無預警突然發生的），為了避免讓他受傷——無論何時何地都會摔倒——大人會把他肚子朝下，平放在地上。孩子的母親並沒有非常擔心。她寫道：「既然他哥哥的情況都能消失，弟弟這樣的症狀也會過去的。」

她當然有道理，不過她在信中寫的某些內容還是讓我覺得很重要：「我向你們說明一下，他並不是在自己小妹妹出生時，才開始用這種方式哭泣。在此之前就已經這樣子了。有一年的聖誕節，他得了鼻咽炎，伴隨著四十度的高燒，之後就開始有這樣哭泣的症狀了。」不過，讓我感興趣的是他母親當時正好懷孕三個月。通常是在此時，也就是當母親懷孕三個月的時候，先出生的孩子會出現一些身心方面的問題，因為大人或許還沒有將懷孕這個消息告訴孩子，或者是他聽到大人說了，但大人卻沒有親口對他說。

無論是什麼原因，我想我們可以幫助這個孩子，當這個孩子出現這樣的症狀時，不要把他平放在地上，反而是要把他抱在懷裡，低聲對著他的耳朵說：「不會因為有了小妹妹，我們對你的愛就會減少了。」等他回到了正常的狀態，可以對他說：「你還記得自己曾經在聖誕節的時候生病嗎？當時你知道媽媽懷著妹妹，我們卻沒有對你說，可是你想要回到媽媽的肚子裡，因為你感覺到將要發生某件事情。你當時想的是對的！」我確信孩子發過幾次「怒火」之後，一切都會平息的。

儘管這是個特殊的例子，但還是提醒了所有懷孕的母親，就算只是懷孕幾個月，也要告知自己的孩子這個消息。

也不一定都要這麼早就講。因為接下來還要等好幾個月，這對一個孩子來說太久了，除非孩子出現了某些類似我們剛才所說到的情況。這個案例裡的孩子——當時二十二個月大，很敏感，也有心靈感應——我們知道孩子小的時候都會這樣。

不過我想這一切都會順利解決的。

看了給我們的來信中描述這個大兒子玩一堆小細繩和虛擬機器的狀況，我忍不住在想，這個大兒子是不是也有一點逃避現實、躲在幻想生活之中。他不喜歡弟弟來打擾他的這一切，因為他想待在自己的想像世界裡，他完全不明白什麼是開玩笑，甚至也不明白說話的作用是什麼。他總是專注在操控自己手中的東西。我想應該由父親實際地跟兩個兒子玩耍互動，跟孩子解釋讓他們知道現實是不同於幻想的。這樣一定能夠治癒逃避現實的這些小小的心理障礙。

我們又一次看到了說話的重要性……

而且，孩子在面對讓自己有些困惑的事情時，每個小孩有各自的敏感度。

我們換個話題，來談一談孩子的恐懼。一個十歲的小女孩，當父母都在另一個房間的時候，她會害怕獨自在自己的房間裡做功課；又比如，要是父母都在廚房的話，她會害怕飯後獨自去浴室漱口；也害怕獨自去找住在同棟比她家高兩層樓的小朋友，除非有妹妹或者其中一位家長陪同下才會去。這位母親問：「這會不會是因為當她們還是嬰兒的時候，我們甚至連五分鐘都捨不得放她們獨自待著？」

是的，我想這說明母親自己曾經害怕過，這個小女孩因為認同母親，於是培養出了膽怯的性格。

這位母親的確也指出自己非常害怕會出事故，像是火災、瓦斯漏氣、摔倒等等。她說：「我不讓孩子獨自去買東西。比如我嚴格禁止她們單獨去地下室拿自己的自行車（她住在一棟大型集合住宅裡）。因為我們會害怕孩子遇見一些無所事事的人。我會有點害怕那些密集的大型住宅樓區。」

無論如何都千萬不要嘲笑孩子，並且一定要在所有陰暗的地方開燈。或許可以送孩子一盞可以掛在身上的電燈作禮物，這樣她想在哪裡點亮都可以，還有可以請孩子畫下讓自己感到害怕的東西，或者要求她敘述自己想像到了什麼。因為這個孩子非常富有想像力，而她又沒有把自己的幻想講出來。當她害怕的時候，母親可以對她說：「你過來，我們兩個一起去看看。你看，這些東西只不過是……」然後讓孩子去觸摸一下！我也在想，這個孩子並沒有習慣去觸摸物品——我常常建議要讓孩子去觸摸各種物品——正因為她缺乏對事物的感受，於是便停留在自己的想像中。當一個孩子了解物體是有輪廓的，這個輪廓是固定的，而且可以繞著這個立體的東西轉一圈，當孩子明白了自己可以觸摸，就不會再對自己想像的東西感到害怕了。因為她認識了這些東西，並且知道有很多方式可以接近它們。孩子會知道有現實與想像，並且二者完全不一樣。如果出於好玩，親友們喜歡把想像與現實連結在一起，導致孩子混淆這兩個心智表徵領域的內容，而讓自己感到不安、生活被擾亂的時候，大人應該要幫助孩子在可能與不可能之間做判斷。在這個家庭裡，父親是否可以幫助女兒們去評斷一下什麼都害怕的母親呢？進而可以一起對此談笑一番，謹慎並不等於要完全被想像出來的危險困住。

有不少來信請您講一講說謊的問題。這裡有封一位母親的來信，她不知道在面對自己六歲的獨生女說謊時應該採取哪種態度。自從開學以後，她女兒就有個很糟糕的習慣——對「事實弄虛作假」。這位母親想了解一個六歲的孩子能不能有足夠的意識知道什麼是謊言、什麼是事實呢？這個問題讓她很煩惱，更何況女兒說謊的時候非常自然。

孩子區分虛構與現實的年齡非常不一。很難給這位女士具體的回答，因為只有在具體的事情上才能理解一個孩子，而她沒有給我們舉出孩子說謊的實例。

孩子可能會因為不同的理由而不把實情說出來。

這有可能就是我們所謂的「說謊癖」：這個小女孩說出一個無稽之談，一件並非真實又讓人摸不著頭緒的事情，而這個「謊言」既不為難也不庇護任何人，就僅僅是捏造出來的而已。

當然，應該好好保護孩子的想像世界，因為孩子是需要的。幻想的生活是人類的詩意，因為我們能夠達成的事情是如此之少，我們無能為力的事情卻又如此之多，以至於我們會去想像自己無法擁有也不能做到的事情。詩歌與戲劇就是因此而產生的。為什麼成年人看電視？因為這是「不真實的」。我們所有人都沉浸在文化的「不真實」中。

也有可能是這個小女孩想要與母親對立，然而在遊戲中母親卻沒有給小女孩抗衡的機會。我認為這位母親應該找一找是什麼原因讓孩子覺得撒謊有趣，然後她要從具體的事情上出發來做回答，比如：「我不知道妳跟我說的是不是真的。你看這個，這是桌子，是白色的。要是妳跟我說它是黑色的，我會想：『她是不是眼睛花啦？』或者『她這麼說是想開玩笑吧，她是不是想讓我們來爭論桌子的顏色。』」

這位女士也許還可以想一想自己與丈夫是不是曾經對孩子說過謊。比如有關孩子出生的事情，或是在聖誕節時有關聖誕老人的話題（在孩子的想像魔力裡常常會碰到的主題），孩子早就已經由身邊的同學知道了實情，然而大人還繼續對孩子說著聖誕老人「當真」是真的，其實只是「假設」是真的而已。然而，「假設」只是事實當中的另一片領域，可以這麼說，它是詩意的領域。

簡言之，要盡量去理解這個小女孩，不要責備她。

還有一個可能就是，這個孩子是不是曾經誣衊過別人，而她是唯一的肇事人呢？有些孩子說謊是為了消除自己的罪惡感，僅僅是因為他們很聰明。應該教他們知道責任感是什麼，這非常重要！我聽到過一些孩子說不屬實的事情，只是為了「讓人聽起來信以為真」，因為孩子還沒弄明白到底是怎麼回事……說到這個，讓我想起了一個小故事。有一天，我發現自己剛剛關上的一個壁櫥門又被打開了，裡面的玩具散落一地。我兒子當時二十個月大，說話說得很好了，他跟我說是弟弟打開的（他弟弟當時只有三個月大）。我很吃驚，因為他從來沒撒過謊。然而，過了一會兒，我走到某個非常靠近壁櫥的地方時──平時大人很少會從這個地方走過，因為離壁櫥太近──我看到壁櫥門自己打開了，裡面的東西滑落了下來。我這才明白！關上壁櫥門之後，我用手使出孩子體重的力氣壓在同一個地方，壁櫥門果然自己打開了。我把兒子叫了過來，指給他看：「你看，當我們從這裡走過去的時候，壁櫥會自己打開。」他對我說：「是啊，就是我跟妳說過的嘛！」「你跟我說過的是什麼？你說是你弟弟做的。你知道他一個人是不能從搖籃裡出來的，我跟你說過這不是變魔術。」兒子想要找到一個肇禍者，因為假如不是他，也不是我或他爸爸的話，他怕這會像是變魔術一樣憑空而來。所以他才說是弟弟做的！就是這樣，我明白了一開始自己把這件事情看作是說謊，其實不是的。或者就算這是謊話，在他眼裡也是個說得過去的解釋——既然不是他，那就是弟弟囉。這說明了當孩子說出讓人覺得是無稽之談或謊話時，大人應該好好思考一下到底是什麼原因。

不要馬上就生氣……

盡量不要！怒氣從來都解決不了什麼事情。當父母逼自己的孩子：「如果你說是你做的話，我就不罵你了。」這類的話總是不對的。然而，要是孩子已經做出妨礙或傷害到他人的行為，就應當負起責任。此時如果大人能夠對孩子說：「是你的腳、你的手這麼做的，不是你想這麼做的；我知道手會做出一些你的頭腦不想去做的事情」等等。孩子對自己的行為就會更有擔當，要跟孩子一起談一談、想一想，千萬不要為了要知道「真相」去折磨孩子。永遠不要讓孩子為了達到辯解的目的，而把謊言越說越大弄到無法自拔，特別是當謊言無關緊要的時候。如果說謊的事實已經成立，可是孩子因為無法面對自己的罪惡感而不承擔自己的責任。這種情況下就不必再追究了。我們可以告訴孩子：「好吧，我知道要你承擔的話很丟臉。你也有道理，不過以後不要再犯了……」「不是，我跟你說了不是我！」「好吧，我相信你……已經過去的事就過去了，我們不要再提這件事了。你還是要知道，就算你犯了錯，我還是愛你的，我也相信你。你呢，如果是你做錯了的話，就原諒自己吧；如果你沒有做的話，就請原諒我懷疑了你。」這個教訓將會有長期的效果，而且這麼做會比一場打罵哭鬧要好得多。

1 譯註：「屏息症」：醫學上也叫「呼吸暫停症」，嬰幼兒時期常見的症狀。在出現痛苦、恐懼、發怒或受挫之後開始哭泣，先出現呼吸加深加快，隨之出現呼吸暫停、嘴唇青紫、四肢僵硬等症狀。

2 譯註：這裡描述的症狀類似強直性痙攣，可參考「小兒癲癇」症狀。

7 應該用實話來承載事實——與孩子談論死亡

來信中經常會出現死亡這個話題。這裡有兩封來信。第一封信來自一對父母，他們請教您如何跟自己八個月大的孩子說他有一位去世的哥哥，孩子並不認識這個哥哥，可是這個死去的兒子一直都在父母心裡。第二封信來自一位母親，她在十七個月前產下一對雙胞胎兒子。其中一個男孩在住院一個半月之後還是去世了，當時他三個月大。她請教您另一個雙胞胎男孩對失去自己的兄弟會有些什麼感受？如何向他講起這件事情呢？

關於第一封信中那個八個月大、哥哥去世了的孩子，我要對他父母講兩件事情。第一件事情是，這個一直留在他們心裡的孩子曾經被他們愛過，要保留他在父母心中的位置。在家庭中或者與親朋好友在一起的時候，可以繼續在這個小男孩面前談到關於他哥哥的事。第二件事情是，每當大家談論到哥哥的時候，要對孩子說：「我們在說你不曾相識的哥哥。」——我們可以對八個月大的小男孩這麼說，其實早就可以對他這麼做了——要注意說清楚用詞是「哥哥」(grand frère)，因為對孩子來說，沒有什麼比把早夭的哥哥說成是孩子的弟弟(petit frère)更有害的了。[1]母親也常會說：「我去世的小寶貝(mon petit)[2]。」我認為應該要說：「你哥哥」或「你大哥」、「你是老二」。很重要的是，讓孩子聽到自己是第二個孩子，讓他知道自己曾經是受父母歡迎的孩子。因為當父母想起大兒子的時候會聯想到大兒子去世的年齡，可是命運卻讓二兒子幸福地活過了這個年齡。當失去摯愛的時候，我們總是會回想起他狀態最好的樣子。如果離世的是位成年人，我們也會在腦海中回想起他年輕時的容貌，即使有時候我們還是會想起他年老的樣子。然而如果是一個夭折的幼兒，父母會去回憶孩子生命最後幾個月的樣子。如果父母能夠向兒子說起：「你哥哥應該會有幾歲了」之類的話，對父母而言會有很大的幫助。隨著孩子逐漸地長大，大人可以向孩子解釋：「你哥哥已經不在了。要是他還活著的話或許會對你有幫助。誰又知道呢？說不定他還是能夠幫助到你，因為當他活在我們心裡的時候，就像跟我們在一起一樣。」父母不要把去世的孩子太過於理想化，比如說：他會是完美的、他不會做壞事等等。

總而言之，哪怕是對一個年幼的小寶寶，我們也可以跟他談到自己兄弟離世的事情。

是的。第一次的機會教育可以是十一月一日[3]，當大家去掃墓、生者緬懷逝者的時候，父母可以帶著小寶寶一同去是很好的——大人不用弄得很悲慘，可以對孩子講一講他去世的哥哥：「這裡是你哥哥安息的地方。」

說到這裡，我們有一個實例。寫這封信的母親，她的小兒子目前兩歲了。在這個小兒子出生一個半月的時候，這位母親三歲的大兒子突然重病去世了。她還有一個女兒，當時十五個月大，她很喜歡這個去世的哥哥。這位母親說：「一個嬰兒可以明白許多事情，不應該對他有任何隱瞞，而是要對他說出實情。」證據就是，當時十五個月大的小女兒在她哥哥去世後，便出現了心緒非常不寧的情形：接連幾天都在找哥哥，並且不再玩自己的玩具了。到她十八個月大的時候，家人帶她去看哥哥的墓碑，從那天之後她便完全平靜下來了。

這個例子非常重要。為什麼事實會對她產生了如此的作用呢？其中原因很複雜，不過我至少想強調一點，那就是在面對一段如此令人難以接受的痛苦時——這些痛苦是我們在經歷不幸時不可避免的一部分——成年人可以用他們的詞語對孩子說出實情，假如沒有說出實情的話，孩子會在腦子裡幻想出對自己來說更為悲慘的景況。例如，這個十八個月大的小女孩要找她去世的哥哥，她可能會以為媽媽把哥哥扔在廁所裡了，或是爸爸媽媽把哥哥吃掉了……孩子會想到這些類似在童話故事裡會發生的情節。應該用實話來承載事實，也就是說我們的解釋應該要符合對事情的認知經驗，並且用很簡單的話語表達出來。父母以為孩子會因為死亡一事感到痛苦，這是當然的！不過要孩子再大一些才會這樣！讓這個小女孩痛苦的是她感到情況有異，而這種異常有可能會讓她陷入讓自己難以逃脫的胡思亂想之中。

至於她兩歲的弟弟，這位媽媽倒是沒有說他是否在面對大哥去世這件事情上出現了什麼困難。不過既然他現在成了家裡最大的男孩，那麼盡早對他說明是非常重要的：「我們曾經有過一個兒子，他是長子。你呢，你是第二個兒子。」就算現在在法律上他是長子，可是他不能取代父母心中長子的位置。每一個我們曾經愛過的人在我們心中，都有無可取代的位置。

讓我們回到那對雙胞胎（其中一個已經去世了）的案例。

這位母親詢問雙胞胎裡另一個男孩會有什麼感受。一個孩子能感受到什麼……實在不是我們知道如何去回答的問題。我們想要幫助這孩子的話，所能做的，就像前面的例子一樣，找機會與他人交談，並讓孩子旁聽，可以說：「是啊，假如某某活下來的話，他們就是兩兄弟了。」如果孩子注意到了這句話，大人就可以對他解釋：「他去世了，因為他的生命結束了，儘管我們很希望他能像你一樣活著。真好啊，你活著；不過他去世了也不是不好。也許你對此感到很遺憾，因為當你們倆還在我肚子裡的時候，你們是在一起的。有一天，這個陪伴你的人從你生命當中消失了。可是誰又知道他是不是在天上保護著你呢？」這些說法顯然依照個人信仰而定。我想當家長們有信仰時，應該要說出所有人知曉的實情，也要說出屬於**他們自己的**真話。就算孩子說「可是你也不確定有天堂啊！」，大人也可以回答孩子，「也許吧，可是這麼想讓我覺得很心安。」

現在這裡有位母親的來信，她猶豫了很久才給您寫信，只是因為她要向您敘述的情形中，所發生的事情不同於她自己原先可以想像的。

她聽到您談論過關於死亡以及如何與孩子談及死亡這個話題，像是對孩子講人們去世是因為他們的生命結束了。您當時說，這樣的答案便可以讓孩子從焦慮中解脫出來。然而，這位母親有一個八歲的女兒。四年前，他們的一位小鄰居，也是家裡的好朋友，尤其還是她女兒的好朋友，不知道什麼原因突然去世了。（她從來沒有生過什麼病，去世的當天還在自己母親身邊玩耍呢。）

這位女士寫到：「四年之後，痛苦開始逐漸減輕了一些。我們經常去墓園給這個小女孩送上鮮花。可是我女兒不停地跟我講她死去的朋友。聽完您在節目中所說的內容之後，我便滿懷信心地去找女兒談話，並且依照您所說的話去跟她解釋。她的反應卻完全不像您曾經預料的那樣。女兒當下變得非常暴躁，開始大聲喊叫：『胡說八道！你在唬弄我。我當然知道死了就是生命結束了。可是這個已經過世的小女孩要是當天早上問她媽媽同樣的問題，她媽媽還是會回答她說：『不會啊，妳的生命沒結束啊。』可是她還是死了。』」這位母親對女兒表現出的反抗和焦慮深感震驚。為了收場，她對女兒說她知道的也不多，然後試著安撫女兒。

幾天之後，她們母女又重新談了這個話題。憤怒並沒有像母親當時預期的那樣驅散了孩子的恐慌。於是她跟孩子談起一位年紀很大的老太太：「你知道嗎，當這位老太太年輕的時候，要是她問自己的母親自己什麼時候會死，她母親一定沒法回答她的。」她請您重新再談談這個問題：「因為這個問題一直出現。上個星期，我女兒輕聲地對我說：『把我的年齡停下來吧，因為我不想改變年齡，這樣就可以一直活下去了。』我只能對她說我愛她，我希望我們五個人（還有另外兩個孩子）都能活得很長，除此之外我也不知道還能說什麼了。」

我想這個孩子經歷了一件複雜的事情，這件事情看上去跟她好朋友的死亡有關，但其實是跟她自己的年齡更相關——八歲的她很可能正處於做惡夢的年齡。孩子在七、八歲的時候會做一些自己父母死亡、或者是自己死亡的噩夢，不過通常夢到的是父母的死亡。他們會因此而感到有罪惡感。從這些噩夢，會讓他們去思考可能發生在自己身上的死亡，尤其是自己還可能會被拋棄。案例裡的小女孩對母親的憤怒掩飾了自己對母親無所不知的信任度降低了——這種情況在這個年齡的孩子身上是必須的，因為孩子發現了自己的父母其實不是全能，也不是全知的。

如果這個小女孩繼續談論著自己過世的好朋友，母親應該要幫她發洩出憤怒，還包括她針對自己做的某些噩夢而來的憤怒——不能避免的某些噩夢，就像孩子長大乳牙必然會掉。這個孩子沒有在她朋友去世的年齡就停止長大，她繼續成長，現在八歲了。我認為她需要母親親口對她說有些事情在生活中是很難面對的，可是這並不表示活著就只有痛苦，而且不是停止成長就能解決一切問題。如果我們停止繼續生命，就像是把自己扮成物品一樣。物品不會思考，不會去愛，也不會生活。這位母親還應該跟女兒說：「是啊，告別童年，長成一個大女孩是很難的，而且妳也不再有這位好朋友可以一起聊成長的事情。妳還要等到什麼時候才肯交別的朋友?!」

如果孩子又提到死亡，母親可以說：「我只能跟妳說這些：去世的人，在他死的時候，他便接受了所發生的事情。他可能知道了我們這些生者只有在死亡的時候才會明白的事情。可是，如果妳在活著的時候不想跟自己的生命成長保持一致，那就等於妳想變成一件物品。但是我可不想有一個變成物品的女兒。」不是嗎？毫無疑問地，有生就會有死。正因為確知自己有一天一定會死，所以我們才知道活著的意義。重要的是接受我們的命運，這樣生命才會有它的意義。

也許應該不要再繼續帶這個小女孩去墓園了。母親自己去就好了，要是小女孩不要求同去的話，就不要帶著她了。因為像這樣去墓園的儀式習慣，長此下去，會妨礙小女孩去交別的朋友，就好像她必須對這位過世的朋友保持忠誠，不去結交新朋友。這就是我所能說的。

總之，我覺得這個孩子對自己朋友死亡所產生的憤怒，在四年前就應該發洩出來了，可是她壓抑住了。還好她最終還是表達出來了。不過目前這個小女孩出現的憤怒是由別的惡夢的焦慮以及別的焦慮所引起的：她要面對自己長大的事實，以及自己再也不能像過去那樣愛自己的爸爸和媽媽了。她很想留住童年的幻想，可是卻已經到了應該懂事的年紀，同時也意識到了自己、父母以及所有人類在面對生與死的奧祕，都是如此無能為力。或許她還會產生一些關於性、自己的性別的疑問、以及男人和女人在孕育孩子過程中的角色問題，還有或許她會認為自己性快感的體驗是在犯錯。應該對她講，在性行為當中僅有創造新生命的渴望是不夠的，還需要這個新生命有想要出生和活下去的意願。其實沒有人知道生與死為何物。我們只能知道生與死的條件以及生死的歡愉和痛苦。

此外，母親可以找到合適的語詞，用最好的方式對女兒表達出自己渴求女兒活下去的良願，以及對女兒的愛。

1 譯註：法文的兄弟（frère）跟英文的brother一樣，如果不特別加上大（grand）或小（petit）是無法知道指的是哥哥還是弟弟。中文語法裡沒有這樣的問題。

2 譯註：法國人常常暱稱孩子「mon petit」（有點類似中文的「小寶貝」），跟法文的弟弟（petit frère）很容易混淆不清，讓孩子誤解。

3 譯註：在法國，依天主教慣例，11月1日是所謂的諸聖節（Toussaint），相當於華人的清明節，也是國定假日。法國人習慣在這天到墓地去祭奠獻花，憑弔故人。

8

心理治療、精神醫學、復健與精神分析[1]

一位小學教師向您提出了一個讓我覺得很有意思的問題：「有時候您會建議家長們在自己居住的地區找一所心理治療中心……您是否可以解釋一下心理治療師、精神分析師、精神科醫師與復健師之間有什麼區別？如果可以舉些實例的話，接受您建議的人便不會無緣無故地感到害怕。比如說，當我們要去找一位精神分析師的時候，大家都不太清楚自己是要跟什麼樣的人打交道，也不知道在診間會發生什麼事情……」

我們一起試試看吧。

當我們覺得不舒服的時候，我們會去看**醫生**。醫生會檢查身體，要是查不出病因，在時間充裕下，他會從家庭生活、感情生活以及工作方面做進一步的了解；否則就會開藥來緩解病人抱怨卻沒有確診出病因的疼痛。假如醫生發現病人顯現出見解扭曲、思考速度減慢、思緒中斷、幻想杜撰、興奮或抑鬱、責怪自己沒有做過的一些行為、覺得自己應該去死或是把某位親近的人當作自己妄想的對象的時候；還有假如醫生認為病人無法對可能威脅到自己生命的行為負責任的話，或是病人因為衝動或因為堅信自己會受到迫害，而可能對他人做出粗暴、危險的行為，那麼醫生會建議病人或家屬（如果病人無法察覺自己正在經歷的精神危機），去看精神科醫生。

精神科醫生憑藉經驗，評估病人精神病理的嚴重程度。他會檢查病人的神經狀況，然後在用藥即可的情況下，開一些有效的化學藥物來減輕病人精神紊亂的問題。他會判斷病人是否可以在對自己或對他人沒有危害的情況下待在家裡，或是為了謹慎起見應該讓病人在監管下休息。在後一種情況裡，他會指明病人應該到某一所醫院或精神療養院治療。在那裡，病人接受住院觀察、休息療養，同時會與別的病人以及護理人員相處。假如有必要，還會採取隔離方式、睡眠療法等等。

精神科醫生除了開藥，有時候也會建議病人接受心理治療：由醫生自己或是由另一位精神科醫生來負責。他們協助病人同時得以休養、與熟悉的環境隔離、停止超過負荷的工作、接受化學藥物治療；這樣，病人可以重新與現實連結，與精神科醫生建立關係。心理治療可以幫助病人評估自己的狀況，並恢復失去的心理平衡。

好，以上就是關於精神科醫生的介紹，現在介紹一下心理師。

人們群居的地方到處都有心理師，比如工作單位、學校、醫院，甚至監獄都有。心理師可以為我們做測試來評估我們的能力：例如智力測試、手工技能測試、敏感程度測試、疲勞忍受程度測試等等。還有一些人格測試、個性測試。心理師主要關注的是健康的人；有些心理師專門投身於健康兒童或殘障兒童的群體，像是托兒所、幼兒園、學校、兒童團體等等。有些心理師專注於學業方向以及就業方向的評估指導；有些心理師則關注老年族群。還有些心理師的專業是精神病理學，在精神病院及專科門診工作。

當我們建議家長去看心理師時，是指做什麼呢？

是指透過心理測試來做檢查，這些測試可以幫助理解孩子所經歷的困難。之後，心理師可以給老師、家長以及有問題的孩子本人做建議。

那有沒有做心理治療的心理師呢？

有。有些心理師經過專業訓練，不僅有資格進行心理治療，還具有跟孩子相處融洽的能力。

這樣就把我們帶到了這個問題：什麼是心理治療？

心理治療是由病人與心理治療師連續進行交談。傾聽治療對象傾訴，讓治療對象信任，並能夠表達出自己在內心世界以及人際關係當中所出現的問題。病患可以把自己放心地交給某人，並且確定對方嚴守祕密時，就能夠達到協助的效果。

不過也有一些心理治療並不成功……

這通常是治療對象（成年人或孩子）不想從自己的問題裡走出來，或者對心理師產生了反感（這種情況也是有的）。要讓治療成功的話，對治療師要能信任、要有好感，知道他會嚴守祕密以及病患本身想要從自己困境中走出來的強烈渴望，都是必要的。

您常常談論精神分析取向的心理治療，或是單純的心理治療。兩者之間有什麼區別呢？

區別來自於心理治療師所受的訓練，要看他本人是否接受過精神分析。在一位醫生、一位精神科醫生或一位心理師的輔助下，可以進行單純的心理治療。他們知道如何讓治療對象信任醫生、開啓話題、幫助對方把內心感受表達出來。不過與病患進行精神分析取向治療的對談者，一定要接受過精神分析，並且接受過訓練知道傾聽無意識的暗示，聽得懂在講話同時不知不覺中所浮現出的內在表達。這兩種心理治療的過程看起來是一樣的，不過一個接受過精神分析的心理治療師，可以經由本人的態度，讓病患身上最深層、最久遠的問題重新浮現，得以表達出來。

精神分析取向的心理治療與眞正的精神分析之間又有什麼區別呢？畢竟對兩者來說，治療師都接受過長時間的個人精神分析。

兩者方法不同。從最顯而易見的部分開始說吧。心理治療是面對面進行的，病患與治療者兩人說話，通常病患說得比較多，治療者偶爾插話讓對話順利進行，幫助治療的對象表達。就這一點區別進一步地說，心理治療比精神分析為期要短得多，對病患的束縛也較少，尤其是最直接的目的就在於治療。心理治療僅會喚起病人目前的問題以便去理解其原因，讓病患從中解脫出來，並不會讓病患把**所有**想到的事情都說出來。心理治療針對的主要是有意識的心理障礙、與周邊的人際關係、現實狀況以及如何面對這些問題，比較著重作用於病患表面的問題，因此可以較快達到預期的效果。對於那種無法從艱難階段中獨自走出來的病患，想要重新找到心身持續的平衡、重拾信心、再度振作出發，通常心理治療就足夠了。

而在精神分析中，病患躺在長沙發上，看不到保持安靜的精神分析師。病患要做的就是說出一切自己的所想以及所感。經驗指出，病患藉由與精神分析師在想像層面上的關係，還有病患對其講述的夢境，在追溯自我歷史的同時會在無意識當中讓一些過去的經歷再現。我們可以這麼說：就像歷經一次探險過程，最終能使病患在精神上不再那麼脆弱。在精神分析中，精神分析師會喚起病人最久遠、已經完全被遺忘的回憶。藉由與精神分析師的想像關係，被分析對象重新再回顧自己的一生，愛、恨、懷疑、信任等等都會重現。被分析者常常會非常難受或者恐懼焦慮，並且為期很長，目的也不在於直接治療。

在什麼情況下，在幾歲，需要接受心理治療呢？

只要是渴望改善與自我的關係以及與他人關係的人，心理治療無論在什麼年齡都可以有所幫助。

有以下的情況時，就需要尋求心理治療：

對於新生兒來說，只要發現嬰兒與母親的交流中斷，就要趕緊接受治療了。對五個月到二十個月大的嬰兒，如果發現他與父母雙方停止了交流，尤其是在家庭之外，或者與家庭裡其他的成員之間交流也很不好的時候，就應該尋求幫助。同樣地，從兩歲半開始，即使孩子在家裡感到很安全，可是卻害怕外在世界，也害怕與自己同齡的孩子接觸（本應當會被同齡孩子吸引的）；還有如果孩子感到無聊或是情緒不穩定，又不玩耍。

在上學的年紀，當孩子無法學習、厭惡學校；或是除了學習以外，厭惡所有自己這個年齡的活動。

從八歲開始，要是孩子不交朋友，在家裡無所事事，又不喜歡到外面玩，與父母賭氣；或者相反地，無法遠離父母生活。

在性徵發展階段，要是青少年還很幼稚，逃避男、女同學，只有跟爸爸媽媽在一起才開心。

在青少年期，要是孩子不去找別的青少年，而與父母在一起時也很沉默，對自己不滿又沮喪。

對於青年，要是他有一個很好的開始，並且預測接下來也會很好，可是與伴侶在情感生活與性生活方面不和諧，還有當他感到自己很失敗，覺得生活讓他感到害怕的時候。

對成年人來說，就是當他為自己、為別人感到難受時，當他以為自己讓他人受苦，或是自己的性格真的讓他人感到痛苦的時候。總之就是，即使幸福的條件全然具備，可是痛苦的人際關係卻破壞了生活的時候。

對於中年人來說，當孩子們都長大了，要是個人的生活、情感生活、文化生活、性生活都對他失去了吸引力，並且需要一直見到已經長大成人的兒女才能過日子，還有當無法再忍受另一半，也無法在社會關係中找到補償的時候。

對於老年人來說，要是衰老的問題佔據了他所有的注意力，自我封閉、完全不去嘗試與他人交往，還有當對死亡迫近感到焦慮不安時。

總之，每當近期人際生活被擾亂了，就顯示需要尋求心理治療。

以您的看法，需要接受心理治療的跡象其實非常多？

是的。令人惋惜的是看到父母親在接獲應當讓孩子做心理治療的建議兩、三年後，才帶孩子來接受治療。然而在這段期間，從一些開始會偶然遇到的問題，孩子已經深陷於困境之中，情感與社會生活都被耗損掉了。同時也帶來了一些副作用，在不同情況下，會產生受挫的感受並引起叛逆、憂鬱以及嚴重的情感遲緩或者是精神官能症。而精神官能症將會需要花很長時間去治療，並且只能透過精神分析來治療。

這種情況是否正好由於對父母親談及心理治療的時候，他們不知道到底是怎麼一回事，所以才會有懷疑的態度？

一定是這樣的。或許也是我們這些各式各樣的「心理工作者」的缺失。我們沒有跟家長們好好地解釋那些形成在孩子與自己、與父母以及與學校的關係中困境的意義；也沒有解釋那些無意識的障礙讓孩子成為受害者意味著什麼。我們更沒有解釋清楚，這是無法透過孩子自己的用心，也無法藉由任何特殊教育方法以及任何成人的教育態度就能夠讓情況有所轉變的。恰與有些人所認為的相反，這種情況不要去找尋「錯誤」（誰是誰非）——不過，有時候倒是會有家長、孩子之間彼此誤解的情形。

不過也有一些心理治療失敗的案例，會讓家長們猶豫。

請聽我說，心理治療很少會失敗，而且失敗的情況遠遠沒有那些膽怯的父母說的或以為的那麼多。不過，當然是有條件的，那就是不要等了太久以後才決定進行心理治療，而且來接受心理治療的人應該是對狀況擔憂，並且意識到自己痛苦的那個人。

有不少孩子表現出來的一些障礙問題會讓周圍的人擔憂，可是孩子自己卻不擔心。這時候就是父母自己——兩人或者其中一人——來接受心理治療以便知道如何幫助孩子。假如還有必要的話，為孩子準備好去尋求第三方的協助。

除此之外，有些大一點的孩子、一些青少年（有時候甚至是一些成績非常好的學生），意識到自己心理上的困境，在已經形成或正形成的精神官能症中感到窒息，然而他們的父母並沒有察覺到孩子的痛苦。等到有一天，精神官能症以嚴重的症狀顯現出來時，這些父母親便驚慌失措、深感內疚……

在性格問題的案例裡，心理治療過程中，家長常常對孩子抱著敵對的情緒，當我們向他們提議療程時，他們會期待在幾次治療之後就可以得到奇蹟般的效果。他們既不信任自己的孩子，也不信任那個為孩子診療、孩子也很樂意接受的醫生……他們會因為一個外人得到了自己孩子的信任而難過，就算他們會因為孩子好轉了而感到高興，然而一旦孩子的障礙問題不再讓父母覺得丟臉、不再讓父母擔心，父母便會讓孩子停止治療。可是這麼操之過早的做法，無法幫助孩子穩固治療基礎。甚至有些父母見證了治療的成效以後感到痛苦：因為雖然在想像中他們很期待治療有成，可是他們並沒有意識到結果一定會伴隨著孩子的成熟，也會讓孩子承擔起自己的責任。孩子很健康，找回了交流的能力，也能夠表達自己的意願，這些都是痊癒的徵兆；可是父母親面對這個不再幼稚地依賴著自己的孩子時，卻不知所措不知如何是好。於是他們便在其他家長面前惡意中傷心理治療，他們這樣做是不公允的，因為他們的孩子自己已經從困境中走出來了。

我再補充一下，在法國社會保險支付兒童的心理諮商費用情況下，父母不需要付錢。或許正是因為這個緣故，不是由父母來「選擇」自己孩子的心理治療師，結果父母認為自己合理合法的家長角色被屏除在外、自己的監護責任權被剝奪。他們只想得到協助、接受建議。如果在一開始有困難的時候，就能這麼做的話，或許足以重新建立他們與孩子的關係，可是現在這麼做已經毫無用處了。心理治療師不能給家長任何教育方面的建議，治療師的角色是讓孩子了解自己，並利用自己遇到的挫折與壓力使自己成長。因此家長要繼續履行教育的角色，而不是像我們看到的那樣，孩子一旦開始了心理治療，家長就卸下自己該扮演的角色了。團體生活是有壓力的，沒有任何家庭和教育（無論是成功的還是失敗的）是毫無緊張壓力的。心理治療正好可以幫助孩子擺脫自己的憂慮，並用積極正面的方式去處理自己在家庭以及社會中遇到的壓力。

因此，要是父母親信任自己的孩子也信任心理治療，能夠在孩子治療期間遭遇到不可避免的焦慮時支持孩子，並且能夠在自己產生懷疑的時候仍然堅持治療的話，他們是會獲益的。有多少的家長來信對我們說他們見證了心理治療的效果啊！不過這當然不是魔法，也不是「道德教育」。成長良好的孩子並不總是意味著會讓父母少操心！

要是意識到自己處於痛苦的時候，能夠及時進行心理治療的話，這樣心理治療就不會失敗了。這就是您想說的嗎？

是的，就是這個。假如有失敗的情況，那也是由於孩子這方或者是家長方開始進行心理治療時的方式或態度不對。有時候，孩子感覺被強迫接受心理治療，而對此並不積極主動——他本身並沒有或者還沒有因為周圍的人觀察出的那些障礙問題而感到痛苦。一些青少年來信給我寫道：「當我還是小孩子的時候，我做過兩、三年的心理治療，可是什麼效用都沒有……我當時甚至不知道為什麼自己要去一位女士或一位先生那裡畫畫——然後我就停止治療了。」很明顯地，在這樣的情況下，並不是孩子主動要求做治療的。所以不能說是心理治療失敗了，因為它根本就沒有開始。孩子、家長、心理治療師都浪費了時間。這些家長（或是法國社會保險局）都白花錢了。

有時候失敗是父母造成的。孩子很主動積極，加上找不到可以讓他吐露心聲的人。心理治療剛開始時非常好，可是隨著父母的不理解，治療便被阻止了，比如孩子家住得比較遠，無法獨自去做每一次的治療，父母就不再開車帶孩子去了；或者是父母暗地裡不自覺地指責孩子需要向一個外人去傾訴；或者是孩子不向父母講述每次治療的過程等等。唉，父母的妒忌是存在的！妒忌讓心理治療失敗，導致孩子放棄、崩潰，結果症狀比以前更加嚴重。

然而失敗也會是來自於心理治療師的，不是嗎？

這很少見，非常少見。因為心理治療並不是由治療師來完成的：治療師協助想要從困境中走出來的人，幫助病患對自己講述所有出現問題的地方。要是心理治療師在某件事情上有時候共同造成了治療失敗，那是當他接受了一位不願接受治療的孩子，或是接受了一位父母沒有明白心理治療是怎樣一種工作的孩子。那麼最好還是緩一緩，等到當事人自己要求做心理治療，而不是被學校遙控（比如說父母害怕孩子被學校開除）或是被某位「醫生」操控了。只能靜待孩子真正需要時才行事。我們不是去購買心理治療，也不是去忍受心理治療。家長和孩子都應該配合治療才是。

當病人主動尋求心理治療時，治療就不會失敗了嗎？

是的，總之短期治療是不會失敗的。有時候，在長期治療裡，我們會發現雖然問題消失了，但是被其他的、根源更為久遠的問題所取代，或是原來的問題又重新出現。這並不是失敗。心理治療有它的局限。心理治療師是針對當下的現實狀況來工作的，尤其是針對意識得到的生活現狀。

這樣的情況下，最好還是做精神分析取向的心理治療嗎？

是的，因為心理治療的過程裡近期才出現的焦慮——喚起的其實可以是歷史久遠的焦慮，甚至有必要做真正的精神分析。

所以在什麼情況下才需要做精神分析取向的心理治療（由一位做過精神分析的對談者來進行的治療）呢？在什麼情況下需要做真正的精神分析？

每當病人因為某些難題而去看醫生、心理師、精神科醫生或臨床精神分析師在研究了病情之後做出了相應建議時，就需要去做真正的精神分析。如果已經認真進行了幾個月的心理治療以後沒有任何好轉，而病人、家長以及心理治療師都真正希望能夠繼續治療的時候，就更需要做真正的精神分析了。

我對你們說過，在心理治療中，我們討論的是近期的矛盾和當下的、意識到了的困難，一般情況下這就足夠了（尤其是在教育環境有利的情況下），不過在心理治療的過程中，有些情況在近期矛盾的表象之下，會表現出一種長期以來就構成的精神官能症。表面上看來已經成功治癒的病人其實從性生活或情感生活初期開始，便隱藏了一些非常嚴重的症狀；周圍的人也完全沒有察覺到他的問題，於是病人便忍受至今。心理治療幫助病人從一個偶然境況下突發的猛烈危機中走出來，這就已經很好了。不過這樣的治療對潛藏長期症狀的病人還是不夠的，只有進行更為深層的分析才能真正幫到病人。

我發現我還沒有說到對孩子進行的精神分析。這個工作是在「傾聽」無意識，不過對兒童進行精神分析時，就不僅僅是採用說話這個渠道了。也可以藉由畫畫、模型製作、生動的表情等等方式讓孩子傳達過去（**已經**）在無意識中造成的一些阻礙。這些阻礙是無法單單藉由心理治療技術以及意志來克服的。

好，我現在明白了。對於近期的心理問題是要選擇心理治療，並從被建議的時候起就要去做。對於長久以來存在的心理問題，尤其是在一個讓人心煩意亂或是焦慮不安的環境下，同樣的苦惱在特定的情境中被反覆激起，就要選擇精神分析取向心理治療或是精神分析。

補充一下，這並非單由患者來決定，也不是單由精神分析師來決定，而是由雙方共同決定的。患者要有真正的動機，還要有時間（和金錢），總之，患者要具備精神分析的實際條件，同時還要了解進入治療後的相關責任。我再次重申：精神分析是一條艱難的道路，目的是為了讓患者清醒地承擔起自己做為人的責任，而不在於直接治癒患者。無論針對哪種情況、哪個年齡階段，都需要耗費許多時間，並非人人都能有這樣的條件。精神分析一定不能與心理治療混為一談。我希望已經讓大家明白這一點了。精神分析並沒有像心理治療那麼廣泛的用途。

另外，可以來談一談復健嗎？

復健是在重新恢復一個失去了的官能，一個我們不敢或不再去使用的官能。我們無法復健一個不存在的官能，或是一個從來都沒有學過或培養出來的官能，也無法復健一個我們不想使用的官能。所以才有那麼多的復健（比如語言復健、動作機能復健等等）會失敗，都是因為我們本末倒置了。當復健失敗的時候，就說明它原本應該先從心理治療來做準備。

當孩子還小的時候，母親或父親應該出席復健的課程，在復健師的協助下，建立或重建與孩子的語言交流以及動作機能方面的互動。父母與孩子都要信任復健師，並且要與復健師合作。復健課程應當是愉悅的。

什麼時候會需要做復健呢？

對兒童而言嗎？

是的。許多家長來信寫道他們的孩子說話不流利、結巴或是很笨拙，有拼寫障礙、算術障礙。他們是否需要我們所說的這種復健呢？

復健師是一些受過培訓的人，針對**功能性**的障礙——僅僅只是功能性問題——透過非常精確的技術去幫助孩子。比如，一個說話不流利的孩子，可是卻能夠透過手勢與眼神流暢地表達自我，玩得很好、也很活潑，然而他想要交流卻難以做到，或許可以經由復健就足夠了。不過對於觸及到語言的復健，像是動作機能、閱讀、寫字、拼寫、計算有關的復健，復健師常常會在治療一段時間之後，發現孩子到達了一個難以突破的瓶頸。這個時候，他們就會要求家長帶孩子去看精神分析師，並考慮進行精神分析取向的心理治療。很可惜沒有在復健開始之前先進行精神分析取向的心理治療，不過晚做也總比不做要好。儘管大家經常都會因此而停止復健，然而這絕對不該是放棄的理由，尤其是如果孩子喜歡那個輔導他的人，而且非常渴望擺脫自己功能方面無力的狀況：像是渴望說話、渴望「肢體的表達」、渴望變得靈活、渴望能夠正確地寫字和計算的時候。只有在孩子不想去復健的時候，才能停止復健。復健不是精神分析，不過精神分析可以有助於復健的效果、讓復健變得可行。兒童精神分析不是一種復健——兒童精神分析的工作是追溯到生命最初的情感，同時在精神分析師身上把這些情感重現出來，重點在重新找出阻礙智力與情感溝通上的象徵性原因。簡言之，精神分析與教學技巧以及學習方法等取向是完全不能相提並論的。不過要是孩子渴望戰勝自己功能上的困難，意識到自己有強烈的動機，並且與復健師相處融洽又能適應復健師的方法的話，精神分析取向的心理治療是可以與復健同時進行。

所以說還是有復健失敗的情況？

是啊，必須承認，同樣也有心理治療以及精神分析局部失敗的情況。有些情緒、感情或理智方面的痛苦，還沒有解決的辦法。

1 作者註：在附錄本章〈心理治療、精神醫學、復健與精神分析〉（Psychothérapie, psychiatrie, rééducation, psychanalyse）與〈這個年紀**應該**做的事〉（Ce qu'on doit faire à cet âge）所進行的對話中，針對所討論的問題只能以簡單扼要的方式進行回答。對想得到清楚解釋的家長們，我們在此試著提供一個更為充分的闡述。讀者也可以參考閱讀以下書籍：塞吉．勒克萊爾（Serge Leclaire）《精神分析法》（*Psychanalyse*）；德尼．沃斯（Denis Vasse）《肚臍及與聲音》（*L'Ombilic et la Voix*）；馮絲瓦茲．多爾多《精神分析與兒科：多米尼克個案》（*Psychanalyse et Pédiatrie: Le cas Dominique*）。還有關於復健的書籍：翁端內特．穆耶（Antoinette Muel）與馮絲瓦茲．多爾多合著的《兒童的精神覺醒》（*L'Eveil de l'esprit chez l'enfant*）。

第3部

小孩煩惱，爸媽詞窮

1 你想要出生，我們想要有個孩子——性教育，直接的問題

聽眾來信中常常涉及到的一個問題，就是關於性教育；或者更確切地說是，有時候父母親試圖用很複雜的方式來回答孩子提出的問題。這封來信講的是兩個小女孩，分別是四歲和三歲。大女兒最近問起父母親她和妹妹是從哪兒來的？父母親從花朵的例子開始解釋，可是他們覺得大女兒既不感興趣也沒聽明白。於是這位母親在信中說：「最後我們還是對她講了我們是在性行為之後有了她和妹妹的。然而大女兒並沒有對這個回答表現出震驚的樣子。」（她一開始以為大女兒可能會被這樣的回答嚇到。）她問您：「這個年紀的孩子提出這樣的問題很常見嗎？您認為我們這樣據實以告是否恰當？」為了讓訊息更完整一些，我強調一下，這是一個非常自由的家庭，家裡所有的人，孩子、丈夫和妻子會一起洗澡。

應該就像他們那樣直接地回答。應該跟孩子解釋：通過性行為，孩子的身體才會開始在母親肚子裡慢慢形成——大人可以提到所有的女孩子都有一個「裝小孩子的袋子」，當女孩成為女人、成為媽媽的時候，這個「袋子」就會變得更大。不過我想這個孩子提出的問題同時也是一個形而上的哲學問題，然而家長只跟她回答了生理上的問題。所以，也應該對孩子說，他們出生是因為他們曾經渴望來到這個世界，因為性行為並不能解釋一切。我認識許多青少年都以為，如果家裡有三個孩子的話，父母就是有過三次性行為。因為大家都說是性行為讓人有孩子的——好像孕育孩子就只是機械化的功能！許多孩子都不會直接向自己的父母親提出這個問題，而是會在孩子們之間詢問。在幼兒園裡，關於這個主題的對話常常都會化成一個動作：「啊！原來爸爸媽媽就是這麼做的！」邊說邊把一隻手的食指放進另一隻捲起來的手心裡，就這樣既沒有言語也沒有美醜、好壞的評斷。這個動作在他們看來既逼真又自然。

這封來信的父母回答得很好，不過還不夠，因為有一天，他們的女兒會問：「到底為什麼呢？」那時就應當跟她解釋：「因為妳想要出生，我們也想要一個孩子啊！我們三個人就這樣相遇了，然後妳就開始在我的肚子裡長大。」請容我說——不要把人的身體只局限在人肉的機能上。

還需要講一講愛。

一定要的！還要講到人們相愛的時候會感受到的快感。當孩子們繼續談論這個話題並且對此提出問題的同時，順便也要跟他們說：只有當女孩的身體與男孩的身體成年之後，性行為才能孕育出孩子。要在一男一女雙方都想要孩子的情況下，並且雙方不能是兄弟姊妹，也不能是母子或父女，這樣他們才能發生性行為——因為這是全世界人類共同的律法。有許多關於出生知識啓蒙的書，有些寫得很好，然而就我個人所知其中只有一本不僅教孩子生理知識和生育知識，也還講到了禁止亂倫的行為。可是這些應該是同時要被講到的，甚至應該在學校、幼兒園裡，當孩子們提到這個問題的時候就該講了。因為這正是人類與動物的區別。

聽您這麼說，我也在想這類主題其實在不久以前還是禁忌，而且我們在家裡，常常不回答孩子對於這類話題的提問。在這類問題上，您非常明確：一個孩子在四、五歲的時候，提出這樣的問題是很正常的，而誠實坦率、直截了當地回答也是再正常不過的了。

是的。不過要是孩子在兩、三年之後又完全忘了父母曾經回答過他們的話，也不用吃驚。事實上，我們當場給孩子的答覆完全與他們一直以來都知道的事實相符（因為他們是被孕育出來的，對此他們是知道的，無意識全都知道），我們用符合當下情況、合情合理的話語來回答孩子關於受孕的問題。不過，隨著孩子長大，他們自己偶爾會對懷孕和生育創造出一些近乎變態的幻想，也會胡編亂造一些荒誕的故事，這些杜撰對他們來說「也是」真的——這就是想像的世界。不要對他們說：「你怎麼這麼笨啊！你小的時候就已經知道了啊！」而應該再對他們說一次真實的情況，因為他們已經忘了曾經聽過的解釋；也不要驚訝他們還想繼續相信自己的幻想，這時候只要笑著對孩子這麼說就夠了：「好吧，你要怎麼想像都隨你，可是我已經對你解釋過事實了。」

這裡有一封來信就印證了您剛才說的關於出生的幻想和杜撰的故事。目前這個家庭已經有兩個兒子，一個六歲、一個三歲，還有一個即將在五月份出生的小寶寶。大兒子確信這個胎兒是在自己的肚子裡，所以要很小心：有人擁抱他的時候，不能過分用力，以免擠壓到小寶寶。當父母親跟大兒子解釋父親並沒有懷過他的時候，大兒子完全不同意，他篤定地認為自己是對的。他希望小寶寶會是個女孩，甚至認為自己會比父親做得更好，因為父親只「造」出了兩個男孩！真是令人驚訝啊！這是否說明，在這個家庭裡，大人沒有對懷孕生育這件事解釋得足夠清楚呢？

我不知道。這個男孩跟剛才提到的小女孩一樣，正好處在有可能忘了大人跟自己說過什麼事情的階段。況且他對孩子是如何孕育出來的這個問題絲毫不感興趣，他只在乎小寶寶是在自己的肚子裡，他只認同媽媽——就像所有的小男孩、小女孩一樣——他只想把小嬰兒帶到這個世界上。或許他想與母親競爭，想否認母親的能力。他認為懷孕就是魔法。這位母親甚至寫到兒子說小寶寶在他的肚子裡又說話又唱歌，小寶寶甚至會唱著《小聖誕老人》這首歌。兒子幻想活在一個跟自己媽媽一樣有價值、與媽媽一樣「引人注目」的狀態裡。他會聯想到聖誕老人這個能力很強的老精靈，是完全符合這個年紀的孩子；他還依舊拒絕接受現實的世界，儘管他對擁有男性的優勢很自豪，可是他拒絕接受男性沒有女性生育繁衍的這一點生理特性。

是否就是因為這樣，當大人跟他說出眞相時，他顯得很失望？

這個男孩正在經歷我們精神分析師行話稱為「男孩初級閹割」的階段，也就是說，儘管在他眼裡，從身體性器官部分的外形來看，因為他有陰莖而感到擁有優勢，但是他完全不滿意自己只有這個而已，因為他既想擁有男性的性別特徵，又想要像女人一樣擁有把寶寶帶到這個世界上的特權——他想同時擁有所有強大能力的特徵。在我們人類身上，最可悲的是我們只能擁有一個性別，並且我們只能去想像編造另一個性別的快樂和慾望，因此男人與女人從來都無法相互了解。男人與女人能相處得好就已經不錯了！然而這個小男孩就是不想聽真實的答案。他想搞清楚生孩子這件事，可是搞清楚事實對他來講意味著由他自己實際地去弄明白。他明白也接受自己的母親快要有個寶寶的事實，但是另一個競爭對手即將到來的這件事情並沒有讓他非常開心，因為他應該曾經非常嫉妒過自己的弟弟（即使大家都已經忘了這一點）。

那麼，寶寶出生的時候會發生什麼事情呢？

我不知道。假如要給這個男孩講生物學的事實，那麼也要尊重他的想像世界，要知道他是在胡編杜撰的基礎上說話的。應該對他說：「你覺得是這樣的嗎？」然後笑一笑，就夠了。應該要對他解釋：「你知道，所有的爸爸曾經都是小男孩，也都希望在自己的肚子裡能夠有小寶寶。有許多媽媽想要當爸爸，許多爸爸想要當媽媽；許多小女孩想要當小男孩，而許多小男孩想要當小女孩。」總是這樣的：當女孩很有價值的時候，小男孩就想成為女孩；反之亦然。如果我們想協助孩子了解他也像大家一樣，在現實裡的性別是可能跟自己想像中所期待的相違背，這樣我們就已經把孩子視作是一個個體，並且承認他也會經歷和許多人一樣的困難，這就已經是在幫助孩子接受自己做為小男生的處境了。

重要的是所有做母親的人要回答關於生命的問題：「沒有男人的話，一個女人是無法成為母親的」，所有的父親也應該回答：「沒有女人的話，一個男人是無法成為父親的。」

目前，這個男孩還處在幻想的年紀。就讓他幻想吧。他非常清楚事實是什麼，只是還不想承認罷了。

總之，不用太擔心這個小男孩的未來。

當然不會！所有的人都是這樣過來的！

關於如何解釋，我收到了一封讓人會心一笑的來信。當我們之前談論到孩子性意識萌芽的問題時，您曾經提到過用「播種」這樣委婉的語句來描述兩性的結合……

是的，因為這是常見的說法，不過也許把詞彙換一下會更好。

其實，這位媽媽寫給我們的信裡說，在她給兒子講了「種子的故事」之後，兒子突然拒絕吃那

些帶籽的蔬菜和水果了，比如番茄、草莓等等。他一直畫一些結滿水果的樹，還有裝滿了櫻桃的房子。她寫道：「一想到這些跡象都跟我的解釋有關，於是我抓住機會第一時間便重新提起了這個話題，可是兒子對我說有一棵大大的植物在他身體裡生長。」

這裡有兩件事值得注意。一是認為所有種子都會發芽，二是認為一顆種子會在胃裡發芽。這個孩子所說的以及所害怕的，並不是人類生命的種子。也許這個孩子很聰明，想到的是柳丁籽、水果的籽、櫻桃核。應該跟孩子解釋胃會消化一切，而植物的種子只會在土裡長大。還有另一方面，人類的種子是不會在消化道裡孕育出生命的。這位母親在跟兒子解釋的時候，肯定沒有講到：父母雙方性的結合才使得父親的生命種子與母親的生命種子相遇。然後在母親肚子裡的「育兒袋」裡長大的孩子就是父母雙方共同的孩子——所謂的「育兒袋」與嘴或肛門毫無關聯，而且男孩子是沒有「育兒袋」的。還有，每一次我們跟孩子解釋人類兩性結合的時候，都別忘了要指出禁止亂倫這個準則。

當父母親跟他們的孩子說話時，要是母親稱孩子父親為「爸爸」，或者父親稱孩子母親為「媽媽」，這會讓許多孩子感到很混淆。我們應該一直都用「你爸爸」、「你媽媽」，否則孩子會以為爸爸是自己媽媽的大兒子，而媽媽是自己爸爸的大女兒。還有一種會讓孩子混淆的狀況就是，根據這些稱謂，父母不就成為兄弟姊妹了嗎？尤其是如果父母親把彼此的父母稱作「爸爸」、「媽媽」的話那就更混亂了！

在孩子讀幼兒園和小學的時候，就應該解釋親屬關係的詞彙，這樣孩子才能夠清楚了解那些血緣關係認知上仍然有亂倫混淆的部分。

2 無關魔鬼——性教育，間接的問題

在一個家庭的日常生活中發生了一起事件。來信的是一位八歲半孩子的母親，她寫道：「幾天前，發生了一件讓我深感不安、左右為難的事。那天，兒子回家時，手臂下夾著一本皺巴巴的雜誌。他隨即閃進自己的房間，然後把雜誌藏到床鋪底下。我用漫不經心的口吻問他那是什麼，他回答：『這是我的，我不想讓妳看，裡面有些讓人害怕的魔鬼。』在不知道應該採取哪種態度的情況下，我就對他說：『我也對魔鬼感興趣。你就給我看一看吧？』『好吧，不過妳看完以後要再還給我哦！』我答應了。這是一本有著挑逗照片的色情雜誌。我該怎麼辦呢？為了節省時間，當時我把雜誌又放回床底下了：『我們快遲到了，你爸爸和我晚上要看一下這本雜誌，然後我們要把它扔了，因為如果這本雜誌是你在街上撿到的，應該會有很多細菌。』在這當中，我趁機撕掉了雜誌裡的某幾頁，因為不能讓兒子看到某些照片。當兒子再回到家的時候，他急忙找出這本雜誌，隨即安閒自在地坐在客廳沙發上，毫不羞怯地開始翻看。等他看完了，我也沒說什麼，就把雜誌扔進垃圾桶裡。」在這件事情上，她想到了一些問題：「怎麼做才更得當呢？是應該背叛兒子的信任，把雜誌直接撕掉扔了？（可是兒子信任我，這讓我答應看過以後再還給他）。還是要冒險讓孩子看到這些會干擾到他小腦袋的圖片？」來信結尾，她提到自己的丈夫完全不同意她當時的處理方式。

信裡沒有詳細說明父親說了什麼嗎？

沒有。

這起事件涉及到好幾個問題。當孩子帶著雜誌回來的時候，他已經看過了，因為他說裡面有魔鬼。我認為這時候要是沒有跟孩子這麼說的話，就錯失良機了：「不是的，這根本不是魔鬼，這是被人稱作『色情』的東西。你聽說過什麼是色情嗎？你今晚就跟你爸爸聊聊這個吧，因為你一定對身體或性方面的事情很感興趣。你爸爸會跟你解釋這一切的。我呢，我認為這本雜誌一點都不好看。也許它會讓你興奮，可是它不好看。你應該跟你爸爸說一說這些事情，因為這跟性有關。」母親應該實話實說。可是她自己也沒能做出回答，不是嗎？因此，這個問題依舊沒有解決。畢竟這個孩子把雜誌帶回家裡，他知道母親詢問的是什麼東西，也知道之後會跟父親一起談談這件事──因為媽媽都這麼跟他說了。可是母親好像還沒有讓父親能夠跟兒子聊一聊這本雜誌裡面的視覺內容，就把雜誌給扔了。本來在父親和兒子之間，這會是個絕佳的機會可以談論一下與性相關的問題，以及黃色電影等等所有被大家稱為「色情」的東西。因為所有的孩子都在傳看那些「禁止十八歲以下觀賞」的電影海報，這些當然會讓他們感興趣了！為什麼要禁止十八歲以下的孩子看，這就要由父母來跟孩子解釋了。案例裡的孩子間接地提出了一個關於性的問題，而且他提了兩次：他先向母親提出了問題，然後他等著父親帶他深入這個話題進行討論。可是卻落空了，真是可惜！

當我們談到孩子性意識萌芽時，常常會談到更年幼的孩子直接提出的問題。

是的。我們剛才也看到了，孩子從三歲開始就會間接地提出關於性的問題。例如，當一個快三歲的男孩裸露著炫耀生殖器，他其實是在提出一個間接的問題：「這是什麼東西？這個地方不只是用來尿尿的嗎？」

您認為是應該由父母來跟孩子講這個問題？

當然是這樣！要講一講、解釋一下被提及的這個部位不僅是用於排泄，也會產生慾望和快感等特殊的感覺。而且，要立刻講一講快感這件事情；也許還要講一講手淫。當孩子暴露自我炫耀性器的時候，是對性和手淫提出一個無聲的問題，也是對可能隨之而來的懲罰顯露出擔憂，這是因為他們或多或少都聽過有人對他們未必一臉嚴肅而只是開玩笑地說：「我們要把你的小雞雞切了。」如果只是開玩笑的話，也未嘗不可。當然絕對不會真的這麼做！應該由父母給予孩子這份安全感（同時激發孩子的羞恥心）；既要教導孩子與性有關的知識，又要讓孩子可以放心地在家裡與一位家長——負責教育孩子人情世故，還有審美意識與道德觀念的那個人——談論性的主題。並且還要由父母跟孩子說明禁止亂倫的法則：父母自己也同樣受此律法的約束。父母要反覆地灌輸孩子：面對對自己不懷好意的成年人時要有自我防衛意識。家長可以這樣分配：母親跟女兒解釋，父親跟兒子解釋。

所以在這個案例裡，原本應該由父親來跟小男孩講一下他色情雜誌的事情？

是的。我再重申一次，這位母親原本應該把兒子交給他父親的。她處理失當，她自己也錯失了這次由兒子帶動可以為他來場機會教育的良機。更何況，這跟魔鬼毫無關係！裸體的男人與裸體的女人並不是地獄啊！只不過這些會干擾到孩子。母親應該對孩子說：「去找你爸爸了解一下情況。」

所以，應該由父親來做補救，直接跟兒子聊一聊。

是的，因為這個男孩八歲，正是時候。不過我認為在孩子還小的時候，應該由父母親其中一位大聲談論起來故意讓孩子聽得見。這方面的問題突然出現的時候，例如當孩子光著身子出現在所有人的面前時，家長可以對孩子說：「如果你想跟客人們待在一起的話，去穿上衣服！」或者當孩子提出一個具體的問題時，家長可以說：「我等一下再解釋給你聽。現在我正在忙，你去幫我們把杯子端過來吧！」孩子總是會在母親忙碌的時候跑來對她說：「媽媽，我想知道孩子是怎麼生出來的！」這時候母親要用最簡單的話來回答：「聽好了，這裡所有的人都知道怎麼回答這個問題，我等一下會跟你解釋，或者你爸爸等一下會解釋給你聽。」既不用小題大作，也不要藉機責備孩子，例如對孩子低聲地說：「我等一下再告訴你」，讓孩子以為好像這是一件很壞的事情；其實剛好相反！當下，孩子是想要融入社會群體中並且希望被接納。很顯然地，父母需要機智一點。我希望這本書可以幫助家長們在孩子提出關於性的問題時，能夠找到合適的用詞，並且能夠隨機應變中肯地回答。

總而言之，回到案例中的這個男孩，他對性的提問還會再出現的。既然孩子的父親對母親的處理方式感到不滿意，他就應該藉由電影、電影海報等等的機會，自己出面跟孩子做解釋。我想說的是，這個事件確實有些遺憾，因為這位父親有點像「被晾在了一邊」。

您說對於孩子在性方面提出的問題，無論是直接的或者間接的提問，都應該做出回答。不過，在許多家庭裡，出於宗教或者道德方面的原因，大人對這類的問題還是會猶豫要不要講，或者僅僅因為他們自己就是這麼長大的。

是出於所謂的教育方面的顧慮吧，然而這卻是與教育的本質相違背。總之，今天的孩子承受著大量資訊與刺激的考驗，尤其是在大城市，如果父母沒有及時教育孩子的話，孩子就會身處危險當中。

許多成年人很難把性方面的事情說出口，例如，這裡有一封住在西班牙的法國女士的來信。她寫道：「我有兩個孩子，分別是七歲和九歲。他們比較會跟我說知心話，比較不會跟他們的父親吐露心聲。我試著回答他們所有的問題，因為我不喜歡跟他們說謊；可是關於性方面的問題，我就不知道該怎麼跟他們說了。父母親知道孩子是怎麼來到這個世界上的，孩子是如何從媽媽的肚子裡出來的，可是他們卻對孩子出生的原因一無所知，而我也不知道該怎麼對孩子解釋。」

當一位母親無法做出回答的時候，她可以說：「你知道嗎？要回答你的問題，我其實很尷尬，因為我是一個女人——在這個案例裡，他們是男孩——我曾經是個小女孩，所以我不知道該怎麼回答男孩子的問題。還是去問你父親吧，去問你們的爸爸！」我認為兩個孩子一起向父親提問的話，會比他們單獨去提問要容易得多。母親可以先知會一下丈夫，好讓他準備好怎麼回答。對這兩個孩子，我想如果父親這麼做的話會很好：例如某一天，用餐的時候，或是全家人聚集在一起的時候，父親跟孩子們解釋男人即是啓動生育的人。沒有男人，女人是無法成為母親的。藉由跟孩子們解釋人體的哪些部位（其實在所有哺乳類動物的身體裡都有同樣的部位，因為人類也是一種哺乳類動物），分別會有男性的生命種子（精子）以及女性的生命種子（卵子）。還要補充說明，人類，這個有語言的生命體，與動物是不同的：兩性的結合並非只是本能，更是性慾裡的愛以及擔當的責任。還可以跟孩子說一說關於男性和女性個別的生殖力以及男女雙方孕育孩子的生殖力。

如果母親無法回答這些問題，她還是可以說：「你提出的問題很好。你看，我無法回答你，因為我不知道怎麼跟你解釋，這對我來說太難了；不過一定有人能夠回答你的。」當父母親真的感到無法談論這些問題的時候，他們還是可以找其他的人來幫忙解釋的。例如，找一位知道怎麼回答孩子問題的女性朋友，最好是當著孩子母親的面，來回答家裡女孩子的問題；或者如果是男孩的話，可以是一位已經回答過自己子女類似問題的男性朋友，同意在男孩父親在場的情況下來教育他們。要避免的是在祕密的情況下進行教育，也不要由修女或神父等以獨身為志願的人來進行。我知道有一些年輕人和成年人的案例是，他們會感到震驚，自己的母親、有時候甚至是自己的父親竟然要求神父來代替執行教育的職責。我再次重申：我認為應該由父母來做這件事情，由母親來教育女兒，由父親來教育兒子，需要的時候再請其他的人協助。

另外，如果家長們不知道該怎麼做的話，可以考慮以下的做法。現在有一些學校有家長會的組織，可以開會討論問題，一定也包括這一方面的問題，而且現在有許多關於這方面問題的書都寫得很好。也許這位女士可以去書店詢問，請店員提供一些書名，然後翻看一下。她甚至可以將其中一本書放到孩子們的房間裡，然後對他們說：「你看！這本書解釋得非常好。」

總之，要是孩子們對於性、懷孕以及生育等等問題沒有得到正確、精簡、確切的回答，會是危險的。因為他們會從其他的地方得到荒誕的解釋……有太多荒唐無稽的說法在孩子們當中流傳著！我的意思不是說這些虛構的說法就不會再繼續流傳了，也不是說孩子們不會繼續有點相信這些說法，因為這就是他們這個年紀會做的事情。如果能有一個聲音或者一本書可以將事實說出來的話，就已經很好了。

況且我覺得，孩子們越來越能夠自在地提出這類的問題了……

當然了！由於有電影、廣播，也因為孩子們之間會談論這些問題，其中有些孩子受過明智的教養，對於生命以及性的好奇心絲毫沒有被灌輸過罪惡感。無論如何，為了讓事情清楚明白，對於孩子提出直接或者間接關於性的問題，父母親都應該用最自然、最簡單的方式來回答，像是「我不知道」或者「我無法回答你，因為回答關於性的問題讓我很尷尬」，這些回答已經比什麼都不說要好。假如父母真的覺得尷尬，可以像剛才那樣告訴孩子，而不要說「這很髒」，或者「這不是你這個年齡該問的。不要說這個！我禁止你說這些。」

3 狂歡？——談裸體

一對從事教育工作的夫婦，他們有兩個兒子，分別是四歲以及十五個月大。他們不同意您曾經說過關於裸體的問題。他們親自印證並寫道：「我們倆在孩子面前都裸體。另外，孩子們會拿自己的身體來玩，也會玩我們的身體。」他們會一邊按著母親的乳房，一邊發出嘟哪的聲音等等。也會與自己的父親……還有他們之間……算了，我還是跳過細節吧（很顯然地，在這個家庭中「有人」不想在孩子們面前隱藏任何事）。

這是在過狂歡節嘛！

是啊。不過他們還是提出了幾個問題。他們的大兒子有時候會表現得很被動，在面對所有新的活動時就像犯傻一樣。他們要怎麼幫助大兒子呢？這些現象之間是否都有關係呢？

我想是的。家長不知道當一個孩子看到成年人的身體時，會沉迷於所看到的畫面；在畫面中映照出自己，孩子會幻想自己的身體就像成年人一樣。當孩子把成年人的身體拿來玩的時候，是為了得到快感。假如孩子的這種快感——對他來說是性快感——也讓大人感到愉悅的話，孩子會分不清楚誰是大人，誰是小孩。在裸體的問題上，相互窺視裸體以及觸摸身體所帶來的快感，才是值得重視的。問題不在於這令人難以接受，而是在於這麼做會讓孩子對自己的身體「產生不真實感」。此外，這些帶來快感的遊戲對孩子來說是很危險的，因為會過早、過多地刺激男孩性器官的性衝動。

您曾經說過，一個孩子在成人赤裸的身體面前會感到自己有些弱小可憐。

是啊！換個說法：就像是孩子有一個比自己高大的玩具熊一樣——真是糟糕，在商店櫥窗裡我們會看到的那些可怕的巨型企鵝、巨型泰迪熊等等，會讓有些孩子與自己的真實情況脫節，這種現象還不少，因為他們把自己當成了玩具熊。孩子的想像力有時候會超出現實的境界：當我們給孩子玩某件大型玩具時，假如這個巨大的玩具正好符合孩子想成為一隻大型動物或者大型玩具娃娃的願望，並且在現實中如果孩子總是帶著寵愛和愉悅的感受，去撫摸這個被自己擬人化了的大型玩具（孩子賦予大型玩具具備人類的生命、感受以及情感），那麼孩子對自己身體的認知感受就會變得陌生。

這個案例中的孩子，有時候會表現出犯傻的狀態，其實他是想要馬上就擁有自己父親的性器官。既然他可以觸摸父親的性器官，那麼在觸摸的時候，就會以為是在觸摸自己的性器官。同樣地，在觸摸母親乳房的時候，他也會以為是在觸摸自己想像中的胸部。他發出嘟嘟的聲音，就好像自己在觸摸一些類似玩具小汽車的小喇叭。還真是挺稀奇的，這個孩子把父母的身體「去現實化」了。

孩子進入青春期開始，父母的裸體對孩子而言就會變得無關緊要了；然而常常是在這個時候，父母不允許孩子看他們的裸體。恰巧相反的是，在孩子還小的時候讓孩子看父母的裸體是危險的，因為孩子會以這個另外的想像取代了自己。因此這個孩子才會時不時地呆住、不動了，如同分心走了神一樣——孩子不再知道自己是誰，自己到底是大人還是小孩，不知道他是自己還是別人。在眼見和觸摸到自己身體的感覺當中，身體的一部分或幾個部分已經不屬於他自己了。正是因為孩子很聰明，所以他才會表現出呆呆的樣子，去面對一個身分認知真正的問題。在這方面，我得向這對父母說：「要當心了！」

我不知道這對父母是否會改變信念，不過我要問您的問題是：能否挽回已經做過的事情呢？這兩個四歲和十五個月大的孩子，從他們出生開始便看到了裸體的父母，這對父母是否能夠徹底地改變呢？

假如這對父母親不覺得這樣好玩的話，事情就會很簡單了！可是我認為這對父母覺得讓孩子耍弄自己的身體很好玩，這就麻煩了。依據色情遊戲的觀點來看，身為「巨人」的父母親似乎玩著兩歲孩子的遊戲。大人或許覺得這樣很有趣，可是對於孩子來說卻是令人非常擔憂。

不過這種態度也可以藉由理論來解釋吧，比如回歸自然等等。

有何不可。可是既然他們看到了這麼做帶來了問題，就讓我跟他們解釋所帶來的是哪種問題。

可以改變這樣的態度嗎？

當然是可以改變的。大人可以說：「聽好了！現在你太大了，玩你自己的身體吧。別以為自己還是個小寶寶，去跟你同年齡的孩子玩吧。等你長大了，你會是個男人，你不可能會有和媽媽一樣的乳房。到時候，你會在目前和你一樣大的小女孩當中選出一個女伴。」沒錯，我們也可以說到這點，而且應該要說到這點。因為這個孩子有時候會跟自己父親的身體產生類似混淆的情況，讓他不再知道自己是誰也不知道自己是男是女了。

繼續這個裸體的話題吧，這裡有一位父親的來信：「我有一個六歲的女兒，她似乎深深地被男孩吸引。在學校裡，她的老師同樣也注意到了這一點。女兒的這份好奇心讓我感到很驚訝，因為我們，妻子與我，撫養孩子的方式很自由，從孩子很小的時候開始，比如在洗澡的時候，浴室的門永遠都是開著的。」更令人驚訝的是，這個小女孩十一歲的哥哥也是被父母以同樣的方式撫養長大的，卻相反地，非常靦腆。

這個小女孩對男孩很好奇，而她哥哥則靦腆，其實並沒有什麼好驚訝的。因為這恰好就是他們父母以為「自由」的教育方式所帶來的後果。不過我覺得這個小女孩被男孩吸引並沒有什麼不好的。我甚至認為這對她來說比較安全，因為小女孩總是看到自己父母的裸體，而她十一歲的哥哥卻總是避開不讓家人看到自己的身體（這是健康的），所以她就得自己去找異性的小朋友。否則，小女孩就會落入火裡——我說的是「慾火」——對自己父親的慾火，而唯一保證她不會墜入亂倫的方法，就是找些小男朋友。既然這位父親很開放地撫養女兒，那麼他就要習慣這樣的情形。在不知不覺當中，這位父親曾經激起女兒對自己父親和哥哥過度膨脹的感官感受，這樣的感受目前被禁止亂倫的法則阻擋住了。母親對女兒的管教又太過於放任，這種幼稚的狎昵態度導致了家裡女性之間的競爭，於是女兒想把所有的男孩都佔為己有，只顧著玩這種好玩的遊戲了。這完全在意料之中。

為了回應所有來信表示「我贊成」或「我反對」的聽眾朋友們，請聽：如果您像這位先生一樣撫養女兒的話，女兒就會有許多男朋友，會喜歡享樂勝於工作與學習（至少在她們童年初期會這樣），而且這種情況會持續到過了懂事的年紀。[1]

這就是後果。至於這個男孩，他在家裡會非常靦腆，在社會上會膽怯，在面對所有男孩子的時候會有低人一等的挫敗感，也難以接受自己的慾望。因為對他來說，看到母親的身體讓他過於興奮，而在想像中他性慾的敵對者是可怕的父親。男孩必須對抗對母親一人產生的慾望，對抗自己想要獨自佔有母親的慾望，以此來自我保護。男孩的慾望是一種主動的慾望，也就是說用一種去接近自己所渴望的人的方式來表達。可是他既不能去接近自己的母親，也不能去接近自己的妹妹，因為禁止亂倫的準則已經深深地扎根在人類的心裡。至於那個小女孩，由於她的性別角色是主動窺探想要靠近她的人，她會變得想去挑逗誘惑所有的男孩，因為她感覺到挑逗自己的父親對她來說是非常危險的，幸好她的哥哥不讓她挑逗自己。

她出於本能地做這些……

是本能地，因為她心理健康。

我這麼說是因為您常常會說當大家講到性教育的時候，通常都忘了講禁止亂倫。

真正的性教育就是禁止亂倫。當「禁止亂倫」和「有知道一切的自由」兩者並存的時候，孩子會不可避免地去接近與自己性別不同的孩子，然後自我抵禦對父母、兄弟姊妹在性方面的興趣。我認為對於這個案例裡的小女孩而言，除了禁止亂倫，父親唯一可以對她說的就是：「去選跟你同齡的小對象吧。」因為唯一有可能存在的危險就是，她去找年輕人或者是成年男性，這樣一來，她便會偏離健康的性成長。如果她信任自己的父親，並且父親能夠用坦然的態度認真地跟她談一談，那麼她就會聽父親的話，並且在選擇性欲的遊戲以及心動的「對象」時，不會去找那些超過自己年齡很多的年輕人。

1 譯註：「懂事的年紀」通常指的是孩子能夠分辨善惡，準備個人性別認同的年紀。依照精神分析的說法是脫離伊底帕斯情結的年紀；一般認為是在孩子七歲左右，也就是大約入小學時。

4 不是說謊，是開玩笑——兒童的性幻想與成人的現實

這封信可能會讓您困惑到一些讀者，信中提出的是一個相當具體的問題，一個非常特殊的案例，但是我認為，這封信對大家來說是値得探討的：我們經常談論起孩子會要挾周遭的人，或者活在他們信以為眞的幻想中，並試圖讓幻想看起來像眞的一樣。

是的，正如大家所說的，那些搧風點火唯恐天下不亂的孩子。

完全是這樣！星星之火可以燎原！有一位母親寫信給您。她有兩個女兒，分別是七歲和五歲半，她們經常會去一個已婚的保姆家。晚上從保姆家回來之後，孩子們通常是和父親一起吃晚

餐；母親繼續學業，晚上有課。她寫道：「最近，某一天晚餐快結束時，女兒們知會她們的父親，有非常重要的事情要告訴他。可是她們又並不眞的想說：『如果我們告訴你，你會取笑我們的。』父親向女兒保證，不會嘲笑她們，於是她們就決定告訴父親了。姊姊起頭：『好吧，我開始說了。保姆的丈夫把他的雞雞放到我的嘴裡。』接著她幾乎成了啞巴，不想再透露任何細節。這時候，妹妹說：『但是你知道嗎？我打了他一巴掌。』姊姊又接著說：『是啊，但是爸爸你知道嗎？她並不是眞的故意要打他一巴掌的。』」很顯然地，這樣的情況在一個家庭裡實在會讓人產生很多疑問。母親寫道：「第二天早上，當我想再和她們談談這件事情的時候，因為丈夫已經向我報告了，奇怪的是，她們變得多有保留，不想和我談這件事。她們告訴我：『不行，不行，我們已經忘記了發生的事情。絕對不能跟保姆談起這件事情。』」

好，這個男人是否也是她們某位小朋友的父親？

是的，因為這件事情發生在一個小村莊裡。都是一些彼此認識的人。

這讓我想起了賈克．佩勒（Jacques Brel）[1]主演的一部電影。

《職業的風險》(Les risques du métier)。[2]

是的。兒童想像性愛場景並且以自己的方式講述。在這封信裡，是女兒對父親講述，用的是相當奇怪的句子，像是「你會取笑我們的」、「不是故意打耳光的」。然後，回應母親的是「不行，不行，我忘了」……讓我們覺得好似處於幻想的邊緣。這事件發生在晚上，吃晚飯的時候。孩子之間本來就會誇大說一些黃色的話，就像這樣編造一些事情，引人注意，特別是引起爸爸的注意。我認為這位母親不過度強調這件事情是對的，假設真有一天發生了什麼嚴重的事情，孩子們是會說出來的。這一點很重要：不要嘲笑也不要責罵孩子，而是應該說：「嗯，好。如果她打了他一巴掌，我希望她是故意的，因為一位先生是不可以對女孩子做這樣的事情。」

我打斷您一下，因為這位母親問了一些具體的問題：像是「我們到底要不要再談一談？」您的回答是：「不，不要過度強調。」

是這樣。

她還問您：「怎麼預先防範這類事情呢？」畢竟其中有些是幻想的，也有些是眞實發生的。

例如，這位母親可以當著父親的面說：「有一天，妳們對父親說了這件事情。（事情是真是假，都不應該試圖要孩子承認事情不是真的）。然而當我們還小的時候，是會編造很多東西的。如果再有另外一次，發生像妳們所說的那樣的事情，如果是真的，一定不能再讓事情發生。這位先生非常清楚自己沒有權利做這樣的事情。所以妳們要告訴他：『不能做這樣的事情。』一個先生是不可以用性的方式跟孩子玩的。」應該像這樣預先警告孩子。

然而我們不能阻止孩子編造「不真實」；我們不能阻止孩子們講捏造的故事。

母親還想知道這件事情是否眞的是編造出來的。她寫道：「我們能不能去找這位先生問他：『可否跟我們解釋一下事情？』」

根據信的內容，這會很難，因為似乎是在一個小村莊裡，彼此都是非常親密的人，經常見面，一起工作，有共同的活動。我不知道這位女士能夠怎麼做。要由她自己去感覺；也許能找得到方法，或許有一天她自己可以去跟那位先生談這件事情；或者由父親去和那個人面對面地談。但是這樣做事後會有風險：如果都是孩子幻想出來的，孩子們會被指責；那個男人從那一刻起，也有可能會對曾經想讓他涉險的孩子有攻擊性，真的……

我要提醒那些沒有看過佩勒這部電影的人，在片中一個小女孩指控一位小學老師做了非常類似的事情，而導致老師入獄。

不幸的是，這是常見的事情。我認為這位父親的反應非常好，他沒有取笑，而是詢問了一些問題——當他問到：「保姆在現場嗎？」女兒不知道如何答話，因此我認為這是孩子的幻想。

正好可以來問一下「幻想」的問題。這是目前很流行的一個語詞。到底是什麼呢？是指孩子編造的事情嗎？

這些捏造的事情恰巧與孩子某個發展階段常有的性想像相符：孩子渴望能夠得到成人的引誘。孩子的這些慾望會導致類似剛才小女孩們所講述的畫面。

這是孩子成長過程中絕對必須經歷的階段嗎？因為，通常父母親抓到孩子在幻想的時候，會說：「你在說謊。你必須要說實話。」大人常常會把這樣的事情視同說謊。

這不是說謊，是在「開玩笑」，一種信以為真的樂趣，是沒有風險做白日夢……就像小說的情節，也像孩子們口中所謂的「千真萬確」。大多數孩子的幻想都不是為了父母親而做的。在我們提到的這個案例中，女兒們可能只是陷入要和她們父親談話的陷阱裡。那天晚上她們是爸爸的小女人，因為媽媽不在；因此她們想：「我們要告訴爸爸一些非常有趣的事情，因為他可能也會想跟我們做這樣的事情。那就太棒了。」為什麼孩子會這麼想呢？正是因為對兒童來說，性器官在嘴巴裡，可以連結到無意識的想像，與吸奶產生共鳴。對於孩子來說，這些動作很相近，會讓他們混淆女人的乳房和男人的陰莖。這些動作經常被混淆：不僅在兒童的想像中，而且在成年人的夢中也是如此。無意識不太會去區分這樣的動作。對這兩姊妹來說，從他們告訴父親的方式來看，似乎也談不上是色情。因此我認為不需要太小題大作：像這樣一個幼稚的性愛杜撰小說，一講完就可以忘了。

我們已經談到了幻想，但也有眞實發生的事情。許多家長都很擔心：有些孩子很容易輕信任何人。但還有更具體的問題。有一個經常會出現問題是：「怎樣才能防止女孩受到變態者、虐待狂

或不懷好意的遊蕩者的攻擊呢？」許多家庭住在郊區，比如一些不很安全的地方，希望知道如何能夠保護自己的孩子。應該怎麼做呢？需要解釋清楚嗎？可以有什麼樣的對策呢？

有很多無所事事的人因為缺乏人際交流而痛苦。相較之下親近一個孩子就容易得多。也有一些很好的人會跟孩子交談。這就是為什麼好人壞人非常難分辨。我們可以對孩子們說的是，對待你不認識的人，不能像對待朋友那樣。我們一直說的是：「不要隨便接受任何人的糖果。」然而最好的辦法還是建議女孩子總是跟自己的女生朋友在一起；建議男孩——因為小男孩和小女孩一樣有風險——總是兩人或三人一組，互相陪伴；不要單獨一個人走在街上。如果有人跟他們說話，不要對那個人無禮，而是說：「我沒有時間。我要回家，家人在等我。」

這就是重要的一點：一個孩子如果不覺得家裡有人在等著自己，往往會跟看起來和善的人交談。父母必須確保無論孩子去哪裡，總會有人接應。當孩子們得獨自回家，還要等一、兩個小時後父母才到家，實在不容易。這種情況下，如果在住家大樓裡能夠交到朋友就好了，像是管理員；如果跟其他住戶相處得好的話，可以詢問是否能夠讓孩子去他們家，這樣就可以避免意外，而不是透過警告孩子就能避免意外。因為假使有一天，孩子感覺無聊，並且知道自己回到家也會無聊的時候，他就會跟別人說話：這樣的事情是慢慢發生的。

此外，必須提醒孩子偶爾可能會遇到的暴露狂：「這時候，你就趕快跑開，他們知道自己在做一些被禁止的事情，不過他們並不是危險的人。」雖然，確實與父母所認知的相反，暴露狂並不危險。然而必須預先告知孩子，這種人是可憎又可憐的。孩子所要做的就是不要看他們，然後走開，這樣就可以了。

變態者則是更危險的，他們是有計畫的，他們會說：「你好，我認識你爸爸、你媽媽」等等，這樣反覆連續八天或十五天。三個星期以後——這是孩子對人產生信任所需要的時間——他們會對孩子說：「你是要回家嗎？你自己一個人嗎？嗯，來吧。天氣很冷。我請你去咖啡館喝一杯熱巧克力。」然後他們就開始交談。事情就是這樣發生的。這是有預謀的事情，是父母親在事情發生之前就應該預先注意到的。當父母親擁有孩子的信任，知道如何跟孩子交談，傾聽孩子的心聲，並且讓孩子可以詳細敘述自己想要表達的話語，他們就可以向孩子解釋一切關於這類的事情而不會過分驚悚，並且告訴孩子如何保護自己。

1 譯註：賈克．佩勒（Jacques Brel, 1929-1978）比利時籍著名音樂家、歌手、詞曲作者、作家、詩人、劇作家和導演。

2 譯註：一九六七年發行的電影。由法國導演安德烈．卡耶特（André Cayatte, 1909-1989）執導，賈克．佩勒主演，描述法國某小鎮教師，遭連續偽證指責其強暴少女未遂而入獄。

5 禁忌與鄙視——關於亂倫、同性戀與自慰

我提議來談談亂倫的問題。我認為，往往是在大家庭中才會出現這種問題。

並不會特別發生在大家庭裡，反而比較容易發生在有兩個孩子——一個男孩和一個女孩——的家庭。直到五、六歲或更大，兒童有性遊戲（兄弟之間、姊妹之間、年幼的兄弟姊妹之間）：他們有完全「正常」且健康的性遊戲，是會逗人笑的遊戲。如果父母看到這類的遊戲，應該注意不要責罵或懲罰孩子，而是用真實確切的語言與孩子談論性的問題：應該清楚地向男孩和女孩一起解釋，女孩的性與男孩的性是不同的。不要神祕兮兮地，而是用最平常的語氣談論他們的不同，不要用「尿尿」或「雞雞」等等的說法。如果孩子說「雞雞」或「小

鳥」，也可以！然而當它勃起時，就是「陰莖」或「陽具」，這才是真正的字詞。對女孩而言，真正的字詞則是「外陰」、「陰道」。應該告訴男孩，他們肌肉會發達，聲音會改變，會像自己的父親那樣有鬍鬚和小鬍子，女孩會喜歡他們。告訴女孩，她們會有陰毛和腋毛，乳房會變大，身體內部會發生全面的轉變，到了十二歲、十三歲、十四歲會有月經。這些事情都會讓她們非常自豪，很自然地也會吸引男孩子的喜歡。這些事情如果不在孩子六、七歲的時候開始就告訴他們的話，性遊戲可能會持續甚至造成亂倫。並且，正如我已經說過的，在我們必須談論性問題的同時，也必須說出禁止兄弟和姊妹之間、父親和女兒之間以及母親和兒子之間的亂倫。令我震驚的是，今日年輕的兄弟姊妹之間有不少發生了真正的性關係，不僅僅是手淫，甚至是交媾。可以說是被父母盲目「祝福」的關係。比如父母會告訴哥哥：「你一定要把妹妹帶到你的床上，因為今晚我們要去看電影。我們不在家裡，她可能會害怕。」好像父母為了減輕自己的內疚，希望兄妹倆在他們缺席的時候能夠互相慰藉。這往往導致危險或變態的情況，但一定或多或少會阻礙孩子的象徵性發展，也就是指他們的學校成績、他們與法律的關係以及他們對社會的適應。大家都在談論性教育的必要性，甚至在學校也是如此，但是從來沒有伴隨傳達禁止亂倫的概念；事實上，這一點是必不可缺的。即使孩子還沒有大到可以理解的程度，也必須告訴他（她）這個禁忌：「兄弟和姊妹之間不能結婚。我無法解釋原因，但就是這樣。」

這裡有一封傷痛欲絕的母親的信，她發現自己的孩子（十四歲的女孩和十五歲的男孩）發生了性關係；這封信令人心碎。我們知道，亂倫的情感是可能存在的，但這與實際發生性關係之間還是有一段差距的。母親絕對要禁止發生這類的事件。

她寫道，自己裝作不知情。

我不明白為什麼。另一方面，她沒有說這個家庭是否有父親。然而這些孩子在不知不覺中成為了「可怕的孩子們」（les enfants terribles）[1]，他們會有事的。他們將來肯定會有困難的：現在已經太晚了。但是不應該假裝什麼都沒看見，而是要非常清楚地跟他們說：「也許我沒有及時告訴你們，發生性關係對你們兩個來說是危險的。你們不再是孩子了。你們應該了解，不要再做這樣的事情了。」然而應該是要在孩子年齡更小的時候，父親和母親應該在日常的談話中，例如在餐桌上，直言不諱亂倫的禁忌，同時讓每個人表達自己對這個問題的想法。

再強調一次，我們必須不要懼怕使用恰當的語詞。

我再次重申，亂倫的禁忌是性教育的本質。當然，重要的是讓孩子知道兩性在生育方面的互補性；但是如果我們不同時教育孩子——全人類從最「原始」的生命到最文明的生命的這個基本生成法則，即禁止亂倫——那麼性資訊以及性教育就毫無意義。

這裡有一對四歲的龍鳳胎。他們身心非常平衡，甚至有點超齡發展。父母經常把他們分開，例如散步時，會是父親帶著男孩，母親帶著女孩；或者也會交替輪換。唯一的問題是那個男孩會說：「我長大以後，想跟妹妹結婚。」然而當父母向他解釋這是不可能的時候，他似乎感到非常失望。這種伊底帕斯情結的轉移對未來是否會有危險？

不會的，雙胞胎的問題與其他孩子的問題不一樣。如果這個孩子在四歲的時候說：「我要跟妹妹結婚」，對父母而言確實是個難以承受的打擊，但是孩子有權利這麼說。然而父母也有權利反駁道：「你可以說著玩，但是，你不能真的這麼做。」另外母親甚至沒有提到妹妹的想法。也許妹妹已經把目光投向爸爸，而根本不是自己的哥哥。也許在哥哥說這話的時候，她內心深處想的是：「是喔，是喔，隨你怎麼說。我想要嫁的人可是爸爸呢。」他們兩人目前四歲，這個年齡階段的孩子會想像和自己喜歡的人結婚；而他們喜歡的人首先會是自己的父母和親戚。這些都是建立在柔情以及過早的首選伴侶念頭上的幻想。畢竟「愛」這個詞是有如此多的含義！

不過，這似乎真的傷害到了這個男孩。

當然，就像任何一個四歲的孩子被告知「你不能和你妹妹（不管是不是雙胞胎）或你媽媽，或你姑姑結婚」一樣。因為這些都是同一回事。

所以必須回應。例如解釋：「是的，你會這麼說是因為你還小。但是你等著看吧，等你長大了，會有很多其他的女孩子吸引你的。如果你跟別的女孩子結婚，姊姊跟別的男孩子結婚，那會更有趣的，因為這樣你就會有更多的孩子來愛。她的孩子，你的孩子……她會和別的男人有孩子，你會和別的女人有孩子。你們的孩子會是表兄弟姊妹，這會很有趣很棒的，會是一個大家庭。」我認為應該像這樣讓孩子開始幻想自己的未來，因為如果哥哥娶了妹妹，只會是個閉鎖的社會。這是我們可以說的一個真理：同一家庭的人之間的婚姻無法涉及到很多的社會關係。

然而我不太理解關於伊底帕斯情結的說法。這個男孩的這種固執對他來說會不會有危險？

不，不會的！對四歲年紀的孩子來說，仍然是一個模糊的幻想罷了。相對於其他的孩子，雙胞胎要處理不同的伊底帕斯情結。他想和自己的妹妹結婚，這讓他避免像其他孩子一樣說：「我要和媽媽結婚」，但這其實是完全相同的事情。還不是一個會阻止他成長的「執念」。

雙胞胎的特殊之處在於，他們一直在一起，無法計畫一個沒有對方的未來。但是這種情形會隨著學校、日常生活以及所結交的朋友而改變。這就是父母親可以幫助孩子的地方：藉由讓他們認識其他的孩子，也可以因此認識其他的雙胞胎，他們就會看到，所有的雙胞胎都有同樣的問題。

雙胞胎的父母很難投射自己，我的意思是很難像雙胞胎那樣思考、認同他們；因為雙胞胎在四歲的時候不會像不曾是雙胞胎的母親和父親在那個年紀時那樣思考。

另一方面，母親說，他們會分別帶孩子們去散步……

……**而孩子們似乎並沒有因此而苦惱。**

這並不奇怪，因為當孩子說：「我要跟妹妹結婚」時，她的妹妹就如同是媽媽的「副產品」。甚至於：妹妹對他來說代表著爸爸和媽媽，就像媽媽代表著「爸爸—媽媽」一樣。在四歲的時候，媽媽與爸爸的區別不大；媽媽是爸爸—媽媽的一部分，就像爸爸是媽媽—爸爸的一部分。所以，我們不要因為伊底帕斯的事大傷腦筋。伊底帕斯是個無意識的結構，即使在雙胞胎身上，跟其他的人情況有些不同，不過在所有的孩子身上最後都還是會得到解決的。只要是個人有平穩的生活加上外界的社交生活，就可以找到自己的方向。

這裡有一位母親的來信，她提出了一個嚴重的問題，關於這個問題，大家說了很多蠢話。這位母親寫到：「我有一個七歲半的男孩，他很溫和，長的很俊俏，有蜜桃般的膚色，他只喜歡和女孩子玩、做刺繡和縫紉。當他看到電視上有芭蕾舞時，就會忍不住跳起舞來。他的父親看到兒子的這種行為則是大發雷霆，辱罵他是『雞姦』（pédé）[2]。」母親說她不同意父親的暴力反應。雖然直到現在，她都認為同性戀特別敗德，然而，她寫道：「我在一些地方讀到，生理上的異常可能導致同性戀。我兒子的生理現象是警告的信號嗎？我應該說些什麼呢？該怎麼做呢？」

首先，她是絕對錯誤的。同性戀沒有任何生理結構上的問題，它是一種心理結構。有些孩子從小就被父親對他們的女性氣質（如果是男孩的話）或對她們的男性氣質（如果是女孩的話）的敵對態度引導到這種心理結構。此外，這只是外貌上的女性化，這個男孩還是可以非常有陽剛氣，同時也可以優雅、金髮、誘人、漂亮、熱愛打扮和舞蹈，並且常常攬鏡自羨。這是自戀。但是為什麼父親對自己的兒子如此咄咄逼人呢？為什麼不能愛兒子本來的樣子，而要把兒子變成其他的樣子呢？拒絕的態度是不會幫助到兒子的，而是應該欣賞兒子美好的外貌：「不是只有外在美而已。你已經非常英俊了。我覺得你很可愛。你必須變得有男子氣概。我個人希望……」在我看來，這位父親對他的兒子太「上心」了——如果我可以這麼說的話（我不知道這個詞是否是法語）。這個男孩已經表現出了自己的審美品味，或許也有跳舞的志業，還有敏感細膩的特質讓他容易與女孩一起玩耍。畢竟，他沒有妹妹；為什麼不能跟女孩子一起玩呢？母親也順便提到，當他跟女孩子玩的時候，他總是想要扮演父親和丈夫。我完全不能知道這個男孩是不是同性戀。我無法告訴這位母親她的兒子是否已經進入了一個成為同性戀者真正的結構裡，因為不是他決定要成為同性戀就能真的成為同性戀的。

要成為一個同性戀是非常困難的。有些男孩希望是同性戀者，想從要求他們做情人的那個人身上得到錢；然而他們根本就不是同性戀者。所有的人類在他們的童年，特別是在青春期階段，都有同性戀的傾向，偶爾甚至會有暫時的同性慾望，並不因此就是真的同性戀者。同性戀是一種心理和無意識的結構；根本不是藉由選擇而來的；真正的慾望和快感是不能左右的。如果一個男人或一個女人是真正的同性戀者，那是因為他們不可能有其他的選擇。有很多同性戀者試圖「治癒」自己——在某些情況下，可以透過精神分析來治療那些痛苦的同性戀者。然而到底為什麼他們要因此而受苦呢？我們並不完全了解關於同性戀的一切。

在任何情況下，絕不能藉由鄙視，來幫助一個似乎正在成為同性戀者或正在往這個方向發展的孩子；相反地，要向他解釋同性戀是什麼，告訴他同性戀者可能會是不快樂的，因為他的性慾不是展向另一個性別，所以不能有後代。應該清楚地跟孩子解釋這些問題，也要協助孩子發展自己身上擁有的潛質。

就這個男孩而言，應該讓他認真練習舞蹈，不要只讓他在電視機前跳舞。七、八歲的時候，孩子本身的天賦和自然特質，無論看起來是女性的或是男性的，必須在一個團體裡面跟大家互相切磋，才能得以昇華。也就是說，將孩子的天賦和特質在社會中以文化和藝術的方式呈現，或許最能夠體現這個孩子的價值，或許也可以藉此激勵這個男孩有陽剛之氣。讓他成為舞蹈家——因為這是他所愛的。對於那些有男子氣概的人來說，舞蹈是一項極其艱苦並且陽剛的運動，任何男孩子從來不會因為跳舞而成為同性戀的。舞蹈界並不比其他的領域有更多的同性戀者。他們是藝術家。同性戀是另一回事。順便說一句，舞者通常都很自愛。他們可以看起來像同性戀者，因為他們只在自己的圈圈裡。然而其他的藝術家也是如此。數學家不也是在數學家的圈圈裡嗎！以此類推。舞蹈是一門藝術，是讓人竭盡整個生命去追尋的藝術。

現在這位父親應該明白自己必須幫助兒子，而不是排拒他。否則會因為這樣，把兒子推向一種退縮回自己身上的自戀態度，也可能會把兒子推到同性戀的路上。不過，目前孩子還沒有太多同性戀的傾向。

如果我沒有誤解的話，您是在告訴這位表達自己焦慮的母親，主要應該由父親來解決這個問題。

是的。

……然而這似乎非常困難，因為這位父親陷入了盲目的盛怒之中。這位母親又解釋道，每當自己的丈夫在街上看到娘娘腔的人，都會想揍他一頓。

非常奇怪的是，同性戀者會讓這位父親想跟他們近身搏鬥。我認為這位母親可以跟丈夫談一談——既然她說他們夫妻關係很好，相處得很好，又彼此相愛——並且告訴丈夫，同性戀不是疾病，而是對父親缺乏安全感以及信心的孩子身上所形成的一種結構。正是因為同性戀者走向沒有後代的生活，死亡的焦慮在他們身上更形尖銳，需要大量的昇華來避免不幸的感受。也許這位先生會明白，自己在教育兒子方面走錯了路，他應該認真地與精神分析師談談自己的困難——無法承認兒子身上這些父親自己認為是「雞姦者」的態度。（另外，必須理清的是「雞姦者」並非同性戀者。同性戀者與雞姦者是有別的）。或者是，這位母親自己應該去看看精神分析師，以便能夠更理解丈夫。

不過如果這樣繼續下去，孩子會身處困境。我暫時還完全不能說到別的事情，目前只能說到要教育這個孩子發展自己的特質，尤其是要滿足他個人以及別人的快樂，也或許要為了他個人的幸福，找到自己的方向並且賦予自己生命的意義。

另外一個問題來自一位老師。她的丈夫是藝術家。他們有兩個孩子：一個十歲半的男孩和一個六歲的女孩。女兒對她來說似乎沒有問題，她在信中沒有提到，但是她很擔心自己的大兒子。最近兩個月來，他或者是晚上難以入睡，或者是晚上醒來之後就無法再入睡，而且他有點害怕自己失眠的情況。這位母親去看過一位醫生，醫生開了一些非常有效的安眠藥，現在孩子會要求服用。她還解釋說，男孩在學校很開心，學業成績很好，但是不參加體育運動。為了使畫面更完整，她解釋說丈夫最近突然精神崩潰，但現在已經恢復正常了。她寫道：「我自己也受到了很大的影響，但是看不太出來。」反正她已經開始接受心理治療，試圖克服這些困難。她問您，孩子是否已經開始關注自己的身體以及性的問題；然而在外表上，比如說身體上，他仍然是個小男孩。這位母親還擔心兒子會服藥成癮。

這封信裡提到了很多問題。當然，令人遺憾的是，兩個月前，剛開始失眠的時候，醫生立即給了安眠藥，而沒有去調查孩子的想像生活中發生了什麼事情，也沒有去探求孩子想要逃避的噩夢是什麼。因為一個有失眠症的孩子（而小時候並沒有失眠症），是在逃避噩夢。這些有可能是延遲的噩夢，是七、八歲孩子會做的噩夢。他父親有憂鬱症，母親有心理問題，孩子因此感受到父母缺乏活力；而這樣的情形，在孩子無意識的生活平衡中就出現了紊亂，甚至可能意識到家庭的不安全感。也許那些七歲孩子關於父母死亡的噩夢就在這個時間點上被喚醒了。我很遺憾，兒科醫生在孩子睡不著的時候就給他開藥，其實我們可以用椴樹（tilleul）花葉加糖濃縮液（這已經可以很有效了）給孩子喝；或者在孩子床邊放一顆蘋果讓他夜裡醒來的時候可以吃；或者放些紙、鉛筆、畫畫的東西，並且跟孩子說：「如果你醒來的話，就把當時想到的事情都寫下來。」很多時候，這種方式會讓噩夢消失。根據這位母親所敘述的，孩子似乎有點上癮了，因為他現在會要求吃藥。然而根據來信可知，這些根本不是給小孩子吃的藥，幾乎是給成人服用的藥。

孩子特別高興的是，服藥能夠讓自己入睡，因為他害怕失眠。

我想他是因為父親的憂鬱症也產生了輕微的憂鬱症。

母親還跟您提到有關性的問題。她想請教您，如果……

當然了！並不是因為這個孩子還沒經歷過青春期就不會有問題，就不會對自己的身體有興趣，就不會手淫。這些都是很正常的。然而也許他認為這些都是錯的。也許他已經聽到另一個孩子，並非一定是對他說：「如果你再繼續，我們會切了它」，因為總是很流行說這類的話。父親跟他討論手淫問題是非常重要的，尤其他是唯一的男孩，沒有哥哥，而手淫是可以對抗憂鬱狀況的一種方式。手淫在四歲到七歲之間是很重要的。七歲左右平靜下來，十二歲、十三歲左右又開始。不過我認為，家裡所發生的事情，一定讓這個男孩重新發現曾經做過的手淫可以提振自己。這完全不是青春期的手淫，而是伴隨著孩子想像力的自慰。也許這個孩子最好可以去看看心理治療師。

我想到您剛才提到的一句話，說這個孩子可能聽到有人說：「如果你再繼續，我們就把它給切掉。」我認為需要提到關於這方面的一個見證。一位聽眾告訴您發生在自己男孩身上的事情。男孩兩歲的時候，跟比自己大一歲的姊姊一起去上幼兒園。幾個星期以後，男孩開始有遺尿症——經常尿床。為什麼會這樣呢？父母什麼方法都嘗試過了：比如在孩子床邊放上一杯水，就像您經常建議的那樣；他們也看了心理醫生。六年來，他們找了又找，都沒找到解決的辦法。然後，有一天晚上，這位母親正與一位朋友討論學校教育，突然想起了那個不尋常的學年開始時，女兒在幼兒園裡聽見的一句話。照顧他們的修女曾經對孩子們說：「如果讓我看到誰在玩自己小雞雞的話，我就把它切下來。玩自己的小雞雞很沒禮貌，是很不好的。」父親說：「我們安慰女兒，反正她沒有小雞雞，所以沒有什麼可擔心的。但是我們忘記了，兒子也聽到了這句話。有可能，早晨當他想去小便的時候，想起了修女說過的話，結果就尿在床上了。」第二天，父母親跟男孩把這件事情說清楚了。「就在同一天問題完全解決了。對我們來說，是六年來的麻煩，但是對兒子來說是六年的退縮，六年的封閉。眞是一場災難！眞是令人難以置信，我認為讓大家知道這件事情會是有益的。」

當然了！不幸的是，仍然有許多父母會威脅小男孩要切掉他們的雞雞；或者威脅女孩和男孩，如果他們手淫，就會得到嚴重的疾病或者變成白痴；或者威脅會不再愛他們。這是讓孩子陷入絕望。我認為這封信清楚地回答了我之前所說的問題。家長應該絕對清楚地解釋，讓孩子不要有罪惡感，做這件事情沒什麼大不了的，也不會關係到任何其他人，而且是不會受到任何懲罰的。單純出於羞恥心的原因，在大衆面前男孩子不應該觸摸自己的陰莖，女孩也不應該觸摸自己的性器官。

1　譯註：《Les enfants terribles》（可怕的孩子們）是一部一九五〇年上映的法國電影，根據尙恩．科克托（Jean Cocteau）小說改編，由尙恩─皮埃爾．梅爾維爾（Jean-Pierre Melville）導演。片中，伊莉莎貝（Élisabeth）和保羅（Paul）這對孤兒兄妹相依生活在巴黎一棟公寓裡。兩人被束縛在一種彼此獨佔的情感中，建立起一個虛幻的世界。當伊莉莎貝發現保羅竟然與阿嘉特（Agathe）相愛時，不擇手段地阻止兩人的戀情，結局就像所有古典悲劇一樣，兄妹倆都付出了生命。

「Enfant terrible」（可怕的孩子）是十九世紀時出現的一種法語表達方式，用來指某類叛逆的孩子，以天真坦率的方式或故意無禮的做法揭示成人社會的狡詐，從而顯示自己的天才。也用來指法國作家，如波德萊爾、福樓拜、韓波或科克托等人，以作品揭露社會謊言。

2　譯註：「pédé」法文是pédéraste或pédérastie的縮寫，由pais或paidos（小孩或小男孩）與erastês（愛慕）所組成。此為貶抑用詞，是中文的雞姦者、戀童癖或男同性戀。

6 十五歲的羅密歐與朱麗葉——談青少年

這是一位因為自己十五歲女兒而陷入痛苦的母親。她還有其他的孩子：一個十六歲的男孩，兩個十歲和兩歲的女孩。這位女士剛剛發現自己十五歲的女兒和一個十八歲的男孩談戀愛，她和丈夫為此非常擔心。她解釋曾經順利地跟女兒做過性教育，但是沒有提供任何進一步的細節。我認為她的擔憂應證了一些家庭，在面對一個大家都熟悉的成長情況時，可能會有的非常強烈的反應。這位女士很驚慌，她非常擔心。

這位女士在最正常的事情前驚慌；以她女兒到目前為止的反應來看，這甚至是最健康的事情。

發現自己女兒收到這個目前正在服兵役的十八歲男孩的信件之後，這位母親寫道：「我很驚慌。在告訴我丈夫之前，我還想了好幾天該怎麼做。」。這位母親接著述說：「我覺得她太年輕了，這種情況只會給她帶來麻煩。她在班上的成績已經不是很好了。女兒告訴我，在某些家庭中，談論這類問題要容易得多，也不用擔心。她認為我太老派。我不知道該怎麼辦。」這位女士談到了現今這個墮落的時代，她想問您十五歲就談戀愛是否真的正常。

很正常啊。不用大驚小怪啊，《羅密歐與朱麗葉》的故事裡，朱麗葉就是十五歲啊！雖然對這兩個人來說，結局確實是不好……不過是因為其他的原因啊。這位女士還有一個十六歲的兒子，我很驚訝她沒有提到他：因為我希望他有自己的朱麗葉。這是很正常的。這個十五歲的年輕女孩有一個十八歲的戀愛對象是合乎常理的。這位母親寫道：「我總不能把她綁在家裡，讓她星期天都不能出門吧！」事實上讀著這封信，看著這位母親如此恐慌，我們不禁要問：「為什麼不把女兒綁起來呢？」

這位母親繼續說：「除非我能確定這樣談戀愛不會有危險。」

她說的「危險」是什麼意思？這個女孩很可能會愛上這個男孩，並且是認真的，還會有結果。總之，為什麼不可以呢？沒有人知道會在哪個年齡決定一對伴侶的命運？有些年輕人從十五歲就認識對方，彼此相愛，男孩一有工作的那天就結婚了，而女孩還很年輕。這並非那麼罕見。我祖母十五歲結婚的，我曾祖母十五歲半結婚的。我認為十五歲戀愛是非常正常的，並且也有可能情定終身。誰又知道呢。然而很明顯地，如果做母親的認為這樣不對，母親是會遭遇到困難的。然而愛一個人有什麼錯呢？

我認為，信裡寫的：「除非我能確定，這樣不會有危險」，可以解譯為：「除非我能確定女兒不會和這個男孩發生性關係」——我指的是身體上的——因為這位母親補充：「請您了解，我從女兒那裡得知（這對母女之間沒有什麼祕密），班上有幾位十六歲的女孩在服用避孕藥。」因此，這位母親擔心……

是的，這位母親在這一代年輕人面前有點茫然，而這一代年輕人也許比我們那個年代的人來得有智慧。年輕人很早就開始交往了；事實上，科學進步，讓第一次性接觸時，不會有風險——意外懷孕或者養育孩子，因為女孩還沒有成熟到希望成為母親，男孩還沒有成熟到希望成為父親。

然而即使這樣，懷上孩子或許也不是那麼「嚴重」的事情；如果年輕女孩有了下一代，有何不可！如果男孩很好，而且男孩的家人也同意的話。我們沒有辦法知道所有的情況。無論如何，還沒有到那個地步：目前為止，他們還只是兩個互相通信、彼此相愛的年輕人。既然這個女孩以前也會邀請自己的男性朋友和女性朋友來家裡，我不明白為什麼現在要因為這次是戀情而有所改變。我甚至認為這次是比較認真的。認真並不意味著嚴重。認真意味的是更看重這次的感情關係。

換句話說，這位母親害怕的似乎是自己的女兒會懷孕，還有是害怕她服用避孕藥。

這位母親似乎完全無法協助女兒準備成為一位有責任感的女性。然而，女兒會成長為女人，這是必經的過程。首先，這個女孩說：「真的，我是認真的」，意味著「我不想過早承擔（懷孕的）風險。」也有可能她喜歡上一個也對感情認真的男孩，而這個男孩則是（或許認為自己）認真地愛上了她。與其試圖阻止他們見面，為什麼不邀請他來家裡呢？很多時候，正是當一個男孩被邀請到對自己心儀的女孩家裡時，兩個年輕人才會意識到各自所接受的教育風格。這對他們之間的關係和親密關係都會有很好的影響——如果男孩真的喜歡女孩的家人，而且女孩也被邀請到男孩家中。這樣彼此之間更可以衡量是否繼續兩人的感情。目前我們都不清楚他們的情況。總之，十八歲是法定成年的年齡。為什麼不可以談戀愛呢？

還有一件事：這個女孩十五歲。為什麼她的成績不好？也許她急於生活——認真地生活，也就是對自己的生命負責。也許她可以改變方向：是否希望繼續長期求學，還是計劃將自己的生命與一個年輕男性連結起來——開始準備工作了，預計在兩、三年內就業。我不知道：必須和這位女孩談談才能知道，然而我不認為這一切有什麼可怕之處。

如果這位母親非常擔心，為什麼她不去自己所在城市的醫療教育中心？在那裡可以先單獨找人談談，尋求幫助。在她的信中，讓我感到驚訝的是，女兒把日記放在自己的桌上，把年輕男孩的來信放在自己的抽屜裡，這意味著她不想隱瞞自己的母親。如果是讓母親有這樣的反應，或許當初她最好掩藏起自己的戀情。我也不知道。

父親甚至跟自己的妻子說，她是女兒的共犯。

我不知道他說的「共犯」是什麼意思。什麼的共犯？是知道女兒談戀愛嗎？這位父親應該要跟自己的女兒談談的。愛情，是認真的事情。這位先生十八歲的時候一定也曾經喜歡過年輕的女孩子……事實上，這些父母本以為家裡有個小孩子；突然之間，他們意識到家裡有的是一個年輕的女性，立即驚慌失措起來；我不覺得這件事情有什麼不妥的，真的，我甚至認為相當健康——而且美好。

這裡有封信跟前一封信有些類似。這是一個南部的家庭，有四個孩子：一個二十歲的男孩，一個十七歲半的女孩，還有兩個十二歲和十歲的男孩。母親寫到十七歲半的女兒：「我幾乎是在對您告解：我不曾有過父母，我一直希望和自己的孩子非常親近。我曾經成功地說服了女兒，在十八歲之前最好不要發生性行為，因為她還不夠成熟。」她曾經建議女兒等到十八歲再去看婦科醫生，一起討論這個問題。然而她剛剛得知，女兒一直偷偷地服用避孕藥——依據這位母親的說法是，她擔心會讓女兒「生病」。怎麼跟女兒談這件事呢？如何對女兒說：「我知道妳在服用避孕藥」，因為在這個家庭裡還沒有眞正討論過這件事情。這位母親覺得有點被愚弄了；她不想因討論這事「方便讓女兒認錯」。父親還不知道這件事情。該怎麼辦呢？

這裡講到很多告解，好像有很多的罪惡感。我認為原因來自於這位女士不曾有過母親，結果夢想自己成為一位想像中的母親。她應該要放心！這裡面沒有什麼需要供認和告解的。她是一個非常好的母親，而事實證明，這位年輕的女孩感覺自己是個成年人，且比母親想像的要早。事實上，十七歲半……母親以為十八歲服用避孕藥是沒有危險的；為什麼十七歲半，或十六歲，甚至十五歲半服用避孕藥就會有危險呢？我再重複一遍，一位年輕女孩能為自己負責而不感到內疚的那一刻起，就證明她有一個非常好的母親。這位女孩在性關係的慾望上是非常明智的，因為她知道在自己與男友希望有小孩之前，不要冒險意外懷孕。等到她與交往的男孩，在情感與身體的關係達到真正的平衡，會讓她有一天能夠說出：「現在，我們可以告訴父母，我們要有小寶寶了。」

實際上這個女孩已經可以算是成年人了，她的這些事情與自己的父親無關。法律規定十八歲為成年，但是對許多孩子來說，道德上的成年是十六歲。由這位女孩所做的事，表示她已經成年了。

現在，如果這位母親想以一種非常簡單的方式和女兒談一談：「我知道妳有性行為。對我來說，我感到震驚，因為我不曾有過母親等等。但是妳做得很好。」這麼說會非常好的，女孩也會對母親完全信任。

說到這裡，這封特別的信觸及到一個普遍的問題：許多有十六歲至十八歲女兒的父母會問的避

孕藥的問題。您對這個議題有什麼要說的嗎？

這位女士對女兒說：「等一等。妳在十四歲或十五歲時還不算成熟」，她這麼說是對的。如果女兒聽從自己母親的話，那是因為她還不成熟；如果她不聽從自己的母親，有可能是缺乏判斷力，然而也有可能是她已經成熟了；我們不得而知。在任何情況下，謹慎的做法是，一旦女兒開始來經，母親就應該帶著女兒去看婦科醫生：「我把女兒託付給您。如果有一天她在沒有我陪同的情況下來找您，要知道我是完全信任您的。」母親也可以對女兒說：「如果妳需要看婦科醫生，不一定要告訴我。這是妳做為一個年輕女性的事。」這就是母親可以幫助女兒的做法。女兒可能會驚訝地說：「可是媽媽，妳不會真的這麼想吧！我去看婦科醫生!?」母親可以回答：「當然會想到啊！我提前布署，因為我們不知道事情什麼時候會發生；當妳有生殖器官方面的問題時，要知道這是醫生的職責。我比較喜歡是我所選擇的醫生，而且我希望妳看的醫生是我們認識的人。」因為某些醫生是我們比較信任的。如果是她選擇的家庭醫生——在沒有特殊問題的情況下，是不需要去找專科醫生的——母親可以在女兒十四歲時，當著醫生的面說：「從現在開始，我女兒已經夠大了，可以單獨來看診，我信任您會在她出現女性方面的問題時為她看病。我希望會是您來與我女兒談這樣的問題。」這不是要製造祕密，而是為了讓這個女孩能夠實現自己在性生活上的自主，母親就不必擔心女兒對自己會有所隱瞞。提前布署妥當，等候那一天的到來。這樣一來，她就真正履行了做為母親的職責。那些原本就能夠自由地與女兒談論性事的母親們還是可以繼續這樣做。有何不可呢？然而從青春期，即月經開始，母親和女兒必須有值得信任的婦科醫生。醫生要保守職業機密。不過，當醫生認識年輕病患的母親時，就可以更有效地幫助這位病患。

因此，從您所說的話裡，我再次牢記的是——永遠必須溝通，不要害怕言語和眞相。

是的，要讓孩子有安全感，以期在所有領域裡都能取得自主權。然而，那些抱著幻想進行母職的母親們必須知道，有一天肥皀泡泡是會破滅的。因為在現實中，母親是孩子需要的人，卻不一定總是那個母親自認要成為的人。

7 星期三的來信1——談青少年

一位十五歲半的少女來信說她很難入睡。這個情況已經很久了，她父母跟她說過，當她還是小寶寶的時候就已經不需要很長的睡眠時間，或者也可以說她以前需要的睡眠時間比書上寫的平均睡眠時間要少。

有些人的確就是這樣的，而且他們一生都會這樣。

她從小長到適學年齡，一直都有入睡困難的問題，不過這個問題對她影響並不大。她寫道：

「以前我晚上接近十點、十點半上床睡覺，早上七點起床。可是從一年前開始，我經常要到十一點、十二點才有睡意，可是其實我九點半就上床休息了。我現在早上會覺得很累，這種疲憊感越積越多，讓我很擔心。」她問您是否可以給她指出這個問題的根源。她說自己並沒有太多的煩惱，不過常常會為了一些微不足道的小事緊張。她母親要求她在信中補充說明：母親的性情很焦慮，擔心是自己造成女兒的緊張。

這位母親補充的內容其實很重要，因為一個人的焦慮常常會感染到跟他一同生活的人，尤其是會對孩子有影響。如果這位女士正因為自己的焦慮問題而備受煎熬，可以去找心理治療師協助。至於這位少女，在讀了她描述關於自己睡眠的問題後，我覺得她的睡眠是夠的。唯一擾人的問題是她覺得自己很累。假如可以的話，或許早上睡久一點。我不知道還能跟她說什麼。

她說自己白天會緊張。有一種緊張反應是會屏住呼吸，然而越是抑制呼吸，就越會讓緊張加劇。所以，當她感覺到神經緊繃的時候，記得深深地吸氣，然後把肺部的氣全部呼出來，閉上眼睛多做幾次呼吸，試著讓自己放鬆下來。我想她的緊張情緒就會消失了。

關於睡眠的問題，我建議她去讀一本珍內特·布東（Jeannette Bouton）的《睡得好的人與睡不好的人》（*Bons et Mauvais Dormeurs*）[2]，這本書寫得很好，可以讓大家更了解自己，讓自己放鬆，並且找回睡眠——進一步說，就是能讓大家的睡眠品質更好。

我們或許可以再接著談一談關於「睡眠品質」這個概念，因為總體來說，相同的睡眠時間，有時候讓人覺得休息得夠充分，有時候卻不夠充分……

是這樣的！當我們覺得睡覺睡得不夠深，以至於無法完全放鬆（指無法達到深度睡眠的程度），便會感到很疲累。要達到深度睡眠的階段，並且通常還伴隨著做過夢的記憶時，早上才會感到神清氣爽、精神百倍。

是否有什麼「訣竅」可以改善睡眠品質呢？

當然有！對噪音敏感的人睡覺時應該讓自己與噪音隔離，可能這位少女臥室的窗子面向著一條吵雜的街道。也可能她的臥室不是完全不透光的，然而有些人對透過眼皮的光線很敏感。還有可能是晚上入睡的時候她沒有把自己放空，也沒有讓自己安心地跟著身體深呼吸的節奏放鬆。總之，可以用一些像這樣的小竅門。不過絕對不要焦慮地重複著：「我睡不著！我睡不著！」這樣是不可能睡得好的。尤其要避免的是服用安眠藥。

另一位十八歲半的年輕女孩正就讀高三，她來信寫道：「我有一個常見的問題，在許多年輕人身上也都會有。我從五、六歲開始就會咬指甲。」她找不到任何自殘的原因來解釋為什麼會這樣咬指甲。另外她還寫到，自己是家裡十個孩子裡面最小的，家裡有六個女孩、四個男孩，而且自己與父母親的關係很好，她對父母給自己的教育也完全感到滿意。她補充說明，家裡從來沒有過分的威權，也沒有過度的放任，她覺得這樣很好。她接著寫道：「差不多從四年前開始——我不知道是不是因為哥哥的過世，他離開時二十一歲——從此我咬指甲咬得越來越厲害。情況本來就不好，結果越來越糟糕。好幾次在短時間內，我讓自己停止了這個壞習慣。可是我知道，只要根源沒找到，問題就無法改善。」她想請問，您認為，這是否要追溯到自己的童年經歷，要如何分析這種情形呢？精神分析是否可以對這種情況有所幫助？她最後寫道：「我向您承認，我並不覺得咬指甲丟臉，這不是我最擔心的事情。但是終究還是讓我很煩惱，因為我想要知道自己眞實的情況。」

既然這個習慣並沒有讓她感到特別不舒服，我想重點其實是她想認識自己——這也是所有青少年關心的事情。她不必為此太煩惱，重要的是讓自己多關注別人。在她班上很可能也有其他的女孩或男孩會咬指甲。她可以去找其中也想要改掉這個習慣的同學聊一聊，可能對她會有幫助：因為在某個年齡階段，要是我們無法徹底改掉這個習慣，以後就得繼續「將就」了。有些很傑出的人終其一生有咬指甲的習慣，也不會特別感覺受到干擾。他們接受自己有這個習癖。如果這種情形真的讓她很不舒服，我想是因為咬指甲成了她揮之不去的念頭，或者是因為她的哥哥姊姊們會嘲笑她（他們總是要找件事情來嘲笑她的，那就讓他們拿這件事情來開她玩笑吧。）

正是在她開始有了這個強迫症的時候，發生了某件事情妨礙到她去表達自我，也阻礙了她向外發展並且阻礙她變得更有動力——原因我不知道，而且她試圖透過思考來找出咬指甲的根源也不是那麼簡單。關於「動力」這一點，我覺得她可以用一些更為強烈、有點魯莽的方式來玩耍。也許是她自己壓抑了自己？可能因為她是家裡最小的孩子。也許像大家所說的，她是「自咬馬銜」——也就是迫不及待卻又壓抑自己。

她主要是想問您對此有什麼意見。

可是我怎麼能夠替她知道什麼呢！

她寫道：「精神分析是否可以幫她找到眞實的自我？」

是的……如果這不是唯一的目的就行。我們不應該出於自己單純的好奇，走進精神分析去尋找真實的自我，因為這會是一個經年累月持續的治療，做精神分析是因為焦慮，是因為承受痛苦，並且這種痛苦難以表達，也難以透過與他人之間的活動以及人際關係來讓自己「通風換氣」。因為我們把自己封閉起來了。這位年輕女孩看起來完全沒有到這個程度，她的擔憂看上去幾乎只是理論上的。

有可能這位女孩在失去哥哥的時候所經歷的巨大傷痛，有點讓她自我封閉起來。可是沒有任何一位精神分析師可以對她說出她咬指甲的原因。精神分析是一項內心的工作，不只是觸及單一的問題，而是要再次貫穿一生的經歷。當只是一個表面上小小的憂慮時，並沒有必要去進行精神分析，這個憂慮可以藉由更多更廣泛的活動來自行解決。隨著時間慢慢地推進，她的小怪癖要不就是保留下來，要不就消失，都不會再引起她的不安，因為她在生活中會有別的事情要做。

現在是兩個年輕女孩的問題，都是父母已經離異很久的。首先第一個女孩是家中的大女兒，

家裡共有三個女兒，分別是十八歲、十四歲和十二歲。父母「離婚了或者是協議分居」（她並不十分清楚到底怎麼回事）。六年前，父母分開的時候，孩子們與父親和爺爺奶奶住在一棟大房子裡。大女兒很為自己的小妹妹擔心。小妹妹在班裡不好好學習，可是她對許多事情又表現得很早熟，而且她成長的方式比兩位姊姊更為自由，兩位姊姊受到的教育都很嚴肅，甚至很嚴格，但大女兒覺得這樣的教育非常好。大女兒好像有些擔心自己十二歲的小妹妹所代表的是完全不同的年輕一代。

我認為這位年輕女孩對她小妹妹的關心有些過頭了。她提到：「小妹不想再聽大姊的命令了。」這位大姊想讓妹妹好好學習，等等。我想這個十二歲的小女孩已經可以對自己負責任了，大姊越少試著替代母親位置的空缺，小妹妹成長得反而會越好。如果小妹妹向姊姊詢問意見的話，大姊就盡可能地回答她，不過千萬不要訓誡妹妹。一個十八歲的女孩經歷的童年與自己的小妹妹不同，就不要去教訓妹妹。她應該把妹妹送給母親管教，畢竟孩子還是能夠見到母親的。難道，小妹與母親在一起的時候就什麼問題都沒有嗎？她只有在父親家面對大姊的時候才會有問題！大姊在信中還寫道——為什麼小妹在父親不在家的時候就要到姊姊房間睡覺——僅僅因為父親在家的時候會去哄妹妹。可是這些都與大姊無關。她可以對妹妹說：「聽好了！晚上我想一個人安安靜靜的，妳已經夠大了，都十二歲了，不再是小寶寶了。」

妳很清楚自己有點把爸爸當驢耍。」這就可以了。姊姊不要以為應該在妹妹身邊扮演小媽媽的角色，否則將來她們的關係可能會破裂。再說，一個十八歲的女孩子描述一個十二歲的小女孩時，寫著「父親哄她」這句話又意味著什麼呢？假如這話是小妹說的，是要說父親不在時，小妹會去找姊姊哄自己？大姊其實應該協助妹妹結交朋友，多接觸其他的家庭。也許對最小的女兒而言，在家裡缺少一個成年女性的狀況下，與爺爺奶奶以及還沒再婚的父親一起生活，是挺難的。

第二封信稍微有點長。來信的是一位十六歲的女孩，她有一個二十歲的哥哥，父母在她五歲的時候離異，她在國外一直生活到十歲，之後被送回法國讀寄宿學校，這樣她就可以每個週末回爺爺奶奶家。當時她母親一家都在國外，父親也離女兒很遠。從三年前起，她與哥哥住到爺爺奶奶家裡，她在信裡補充，爺爺奶奶十分嚴格，有點「老法國」，年紀很大了，然而其實他們或許非常溫和，只是沒有表現出來罷了。總之，她覺得住在爺爺奶奶家裡很好，一個穩定的家庭，她也知道祖父母很愛自己的孫子孫女。

不過這裡她提出了兩個難題。第一個難題是關於母親的。母親沉溺於菸酒當中，而且曾經被與她同住國外的伴侶拋棄。她想從此回到法國，並且把孩子帶回自己的身邊。這位年輕女孩理解這些，也明白要是母親回來的話，自己與哥哥一定可以幫助母親。然而，她並不覺得這樣的重逢就是開心，因為處在交火的雙方之間她覺得自己像是被撕裂了：「您能了解嗎？我已經受夠了當這些人的犧牲品，受夠了去做兩個又要重新分裂的家庭的受害者。」她問您是否能夠就這個問題給她一些建議。

這很難！總之，她二十歲的哥哥已經不再是個可以被母親重新領走的孩子！他已經成年了。

是的，不過這正好是她信裡提出的第二個難題：她哥哥小的時候生過重病，八歲時曾經在法國的醫院住院治療，因為母親的缺席深受痛苦。結果是，他現在很封閉，心裡很苦悶，害羞又極度敏感。他非常害怕大家不愛他，導致過於順從也過於輕信他人，有些受人利用。這個女孩子寫道：「我試著罵醒他，可是卻只讓事情更嚴重。怎麼做才能讓他對自己更有把握，又更有自信呢？」如何才能使被妹妹稱為「家庭隔離」（ghetto familial）[3]的情況對哥哥的阻礙少一點呢？事實上，雖然他身分證上顯示的是二十歲，可是卻可能不如妹妹那樣有跳脫困境的動力。

您知道，在這類事情中，我們是無法**做**什麼的。

對這個女孩來說，最好是讓自己在社會裡成長，快點開始就業來養活自己，這樣就可以搬出去——獨自居住或者與哥哥同住，不過要各自保持獨立。然後找到行得通的辦法讓母親回來的時候，三個人可以住得近一些，而又不會過分彼此相互依賴。比如說，母親、哥哥與她都工作，即使生活在同一個城市，但是每個人各自又都能有充分的自由。一切都應該要很清楚才行。

畢竟這位母親又重新回到單身的身分，因為她被拋棄了，她會想再抓住自己的孩子。對她而言，處境是困難的。

爺爺奶奶與女孩分開會很難過的，不過女孩可以常常去看望他們。我相信爺爺奶奶是會理解的，如果女孩對他們說：「她是我的生母，我幫她、愛她都是正常的。」尤其是不要讓自己偏離了道路，要繼續成長，否則對她母親或是對她都不會有任何益處的。必須知道讓父母以兒女為榮，並不是讓父母依賴孩子也不是讓父母阻礙孩子的自我成長。

至於女孩的哥哥，假如他因為封閉而痛苦，可以建議哥哥接受心理治療。要是他並沒有感到很痛苦的話，就不要對他死纏不放：因為哥哥的天性就是封閉的。另一方面，她沒有說到自己與父親的關係好不好，也沒說到自己是否給父親寫過信讓他來照顧哥哥。

她幾乎完全沒有提到父親……

這又是為什麼呢？為什麼哥哥不去找父親呢？為什麼不去父親那裡團聚呢？是因為父親在另一個國家嗎？女孩可以與父親取得聯繫，請求父親聯絡哥哥，並且邀請他去父親那裡。兒子所受的痛苦應該是來自這裡——父親應該就是這個男孩的痛處，而父親想必可以改變一些事情。

對此很難再說些什麼了。這位女孩提到的問題當中有三個因素：情感因素，即兩個家庭之間的矛盾；還有重要的經濟因素，因為它決定了實際的情況；以及不同年齡無意識的原動力的因素。這些都讓人很難回答，因為應該讓案例中的每個人都能夠陳述出自己的理由，然後在不影響他人的情形下，接受協助做出適合自己的選擇。

一位十六歲的男孩給您來信，寫的是關於愛情，也許由您來陳述這封信會比較好。

好的。這個男孩在十四歲的時候，認識了一個年輕女孩，兩人相處了很長一段時間。女孩聽著男孩認真地對自己表白愛意，直到有一天，女孩突然對他說自己只是假裝愛他而已。男孩非常受傷……他寫道：「她覺得作弄我挺好玩的，可是讓我非常難過。剛開始跟她交往的時候，我才十四歲。兩年後她把我們的感情全打碎了。從此之後，我很難平復自己的傷痛；在同齡的女孩們面前，總是覺得很尷尬。我想自己一直都有扭捏的個性，可是自從這件事情之後，難堪的感覺就越來越強烈了。」

這個男孩心裡很難受！玩弄一個男孩的真心，女孩這麼做的確不好。不過我肯定她在這兩年之中並非都是裝模作樣的。她被愛時先是感到非常受寵若驚；聽到男孩向自己告白，讓她很得意。當時她是幸福的，所以她聆聽男孩、也表現出認真的態度，又繼續交往；之後她應該是對自己感到害怕，害怕去愛一個人。無論原因是什麼，男孩認為被女孩愚弄了兩年，應該不是真的。女孩會這樣口出惡言，是因為當時她不知道該如何解決讓自己為難的事情：也就是，曾經愛過如今卻不再愛的尷尬。她處在一個會去喜歡某個人，然後又改變主意的年紀。我們可以假設她也許是在最後一天故意讓男孩傷心的。就像這樣：那些沒有能力去愛的女孩子，喜歡去刺傷愛自己的人。有時候男孩子也會做同樣的事情。

那麼，年輕人，現在重要的是首先要強大堅定自己年輕的生命：可以投身運動和團體活動，也可以參加年輕人的社團；可能的話，學習一門藝術，比如彈吉他、打鼓，還可以做做鬼臉，重新找回開玩笑的樂趣……在這類的場合，您[4]會發現可以重拾團體生活，或許不會立刻就又能愛人或被愛，但是會逐漸地找回自信。萬一，還是覺得做不到的話，也可以找心理治療師談談。仍然有很多進步的空間。您只有十六歲，就已經打過了愛情預防針，還經歷了疫苗帶來的副作用，也就是生了一場愛情的病，真的非常好！

總而言之，目前，要知道就算女孩對您說出那些話，她並沒有嘲弄您。她只是想要擺脫您的愛，這份讓她覺得過於認真的愛情……她迷失了，完全不知道該如何脫身。她的確傷害了您，然而在那段時間裡，她一定也曾經被您的真誠感動過。對您來說，她不是那個對的人。勇敢地振作起來吧，加油！天涯何處無芳草！

越來越多的年輕人給您寫信，在這些年輕人的來信中可以看到許多關於感情的問題。不過我們的節目並不是為了討論戀愛問題的，不是嗎？

是的。這也正是我想說的，失戀的痛苦總有一天會經歷到的，總是會有個開始。我已經說過：「經歷過疫苗帶來的副作用」。所有的人都知道，愛情是一場病，但是如果沒有了，我們誰都活不下去。所以要早些經歷，早些學會在每次失戀時讓自己從這場病裡好起來。

在尋找對象的過程中，認真的愛情是不會以這樣的方式呈現的。愛情是會讓人經歷傷心、失戀，然而重要的是努力付出，給予自我發展的機會，對他人感興趣，而不是只看到自己的痛苦。大家彼此看重，不僅僅是因為相愛，而是因為兩個人聊得投機，可以一起做事情。這才是真正的相愛！愛完全不是唉聲嘆氣地說想跟對方見面，想念對方；而是要為了讓彼此的相遇豐富起來做準備，不要認為是兩人見面時只要四目相對就完事了。

相互凝視當然也是要做的，這是愛情的一部分，然而並非只有這個。否則，愛情裡就只剩下疾病而沒有健康，沒有生命的甦醒與活力，也沒有了對未來的探索與準備。

就是這樣。我個人更感興趣的是，年輕人講述自己生命中具體的困境。至於愛情，他們將來應該都是可以順利過關的。總之，要是他們真的為了愛情病得不輕的話，並非是我能夠幫得上忙的。這種情況下，接受心理治療就很有必要了。

1 譯註：當時法國學校週三不上課。「星期三的來信」，這裡是指兒童或青少年的來信。

2 譯註：珍內特．布東（Jeannette Bouton）是護理師，腦電圖專家。曾在加州大學洛杉磯分校腦成熟基礎研究實驗室工作，之後在法國衛生部擔任神經教育學家。《睡得好的人與睡不好的人》（*Bons et Mauvais Dormeurs*）一書，一九七一年由法國佳馬出版社（Gamma）出版。

3 譯註：「家庭隔離」（ghetto familial）Ghetto 一詞源自希伯來語「隔都」，指城市中特定族群聚集生活的區域，這種說法從納粹佔領下的猶太區開始被廣泛使用。之後衍伸成為指（城市中）少數民族階級或團體的聚集區，或者指因社會差異帶來貧民區的族裔群體邊緣化。

4 譯註：在這個聽衆問答裡多爾多用「您」（vous：法語中的您或你們）來稱呼這位十六歲的男孩。多爾多習慣以對談者稱呼自己的方式來回應對方。也就是，對談者如果以「您」來稱呼多爾多，她就以「您」來回稱對方；對談者如果以「你」來稱呼多爾多，她就以「你」來回稱對方，無關年齡或其他因素，而是多爾多尊重對談者希望與自己界定的關係。

8 又見星期三的來信

我要再請您回答幾封星期三的信件，有幾封年輕男孩女孩的來信。我們從一封小女孩的來信開始吧，她寫道：「我是個失去了父親的孩子，哥哥總是說我骨瘦如柴。為此甚至還編了一些小曲。然而才不是這樣，我只是有點瘦而已，他這麼說讓我很傷心。」另外，她給您寫到自己七歲九個月快八歲了，而且跳過了幼兒園最後一年提前進入小學，因為她五歲時就識字了。現在她上三年級，班裡的同學都比她大、比她強壯。現任的老師是個十九歲的新老師。她寫道：「我很懷念之前的老師，因為她至少會借書給我看，甚至有一次，她把自己的數學書借給我好幾天。現在我都沒有女生朋友，這讓我很難過。以前我有一個很喜歡的女生朋友，可是她留在了年紀比較小、成績比較差的孩子班裡，因此除了上體育課，我都見不到她了——因為所有班級的體育課都是由同一個女老師教。還有，學校最近來了一位體育老師。我們踢足球、打籃球……」這位老師罵了小女孩，因為她活動力不夠。這位體育老師對她說：「妳會打毛線嗎？妳最好帶著鉤針和毛線，現在就打毛衣好了！」小女孩問您：「如果這位老師再回來的話，我該怎麼辦呢？」

小姐，非常感謝您的來信。您應該馬上安慰自己一下。首先，您知道——自己非常聰明，不過這份聰明是需要鍛鍊的。不僅僅通過智力與學習來鍛鍊，還要鍛鍊身體的智慧！這位老師或許讓您有點生氣，因為他說您沒有別人做得好，說您與其踢足球還不如織毛衣。不過您要知道，他只是說說而已，之後就忘了。您呢，還在想他說過的話，可是他連自己說過什麼都不記得了。等他再回來教課的時候，如果您試著讓自己的身體盡量做到最好的話，他一定會很滿意的。別忘了身體以及手的靈活度也是一種智能，與學業以及寫字方面的智力是同樣重要的……而且您的字寫得非常地漂亮！

也不要忘了在您住的城市裡一定有圖書館歡迎孩子去閱讀，在那裡您可以借到所有您想看的書（只要帶上一份房租收據就可以了）[1]。

現在哥哥還會嘲笑您嗎？不過所有的哥哥都是會笑話自己妹妹的！他忌妒您很瘦，因為您很優雅，就只是因為這樣。不要聽他說的話，或者是聽一聽然後一笑置之，不要因為這件事情而折磨自己。您有很多的能力，一定可以見招拆招，找到解決難題的辦法。再見了，小女孩。

現在有一封非常重要的來信，一封紅色的信，給您寫信的是一位叫大衛的男孩。

他八歲，打柔道。他問我怎樣才能變得有肌肉，因為有個朋友會打他。我認為這個朋友打人應該比他厲害。

是啊，肯定是。

大衛，事實上我在想……學柔道的人，都會勾腳摔。而比您有肌肉的那個朋友，或許不會打柔道。如果他也會的話就不得了了。不過我想您可以比他更快拿到更高段位的腰帶。總地來說，我在您的來信中看到，您在這張紅通通紙上的字跡是一行又一行向下傾斜的。您對他一定非常生氣，而在他面前又會膽怯。首先，要目光炯炯地正視對方，眼睛要像燃燒的怒火。這就已經可以嚇住他了。其次，也許可以問問您爸爸，或者問問哥哥叔叔，當我們看起來沒有那麼厲害的時候，怎麼樣給對方重重的一拳，因為出拳還擊是要有方法的！

尤其是在柔道裡，我猜。

不對，柔道是不打人的。現在是要還擊一個打他的同學，而不是在練柔道，所以要學會彈簧式的快速出拳。女孩子不知道怎麼做，不過男孩會——我有許多哥哥弟弟，記得小的時候，他們就會。他們快速地出拳，幾乎輕輕一擊，就能把人打得很疼。只有男人才知道怎麼教別人像這樣出拳。您的拳頭想必是會示弱，像個大皮球一樣軟趴趴地落到那個傢伙身上；可是他呢，卻是砰……砰……快速有力地出拳。一定可以找到強壯的同學教您怎麼還擊的。第一招可以用勾腳摔，接著就用男孩子出拳的方式。

多爾多醫生，您真有辦法啊！總之，我想這個叫大衛的小男生肯定對這個回答很滿意。

而且，打他的同學以後會更喜歡他。

您真的這樣認為？

我非常確定。當一個同學打另一個同伴時……對女孩子來說也是一樣的道理，當女生被男生打了的時候，就說明了她讓這個男生感興趣。所以就要回應啊！要是我們不回應這個人的話……就像我今天不就已經回答這個小男孩了嗎?!他也應該去回應自己的同學。

一個十二歲的男孩給您寫道：「我有一個八歲的妹妹，我的母親和父親都是三十八歲。我想請問您：是否應該允許孩子說髒話？因為在我的中學裡有一位老師，每次聽到我們說髒話，都要懲罰我們。當父母聽到自己其中一個孩子說髒話的時候，應該怎麼做呢？是該懲罰這個孩子呢？（讓我給您讀完這封信，因為我覺得寫得太可愛了），還是讓他說完之後再跟他解釋說髒話不好，如果他再犯的話……」他還問您是否應該禁止讓孩子玩玩具手槍、玩具步槍、鞭炮……這對未來的生活又會產生什麼影響呢？最後他的署名是「一位忠實聽眾」。他沒有加註自己是您的一位善意的朋友。不過，我隱約覺得他的諮詢是為了之後可以對自己的老師或父母說：「多爾多醫生說……」

是的，這很令人吃驚，因為他不是站在自己立場提問的。

關於說髒話的問題，我要引用一句法國諺語來回答這個男孩，諺語是：「對什麼樣的聖人，敬什麼樣的禮。」所有的學生都知道這位老師受不了髒話，當他聽到學生說髒話的時候，就會處罰學生。不過我在想孩子們是否真的不喜歡被懲罰呢？因為他們好像還是繼續說髒話啊。畢竟有許多孩子覺得星期三一整天待在家很煩，他們寧願被懲罰並且暗笑：「這個老師可真傻不讓我們說髒話。」[2]我也不知道。而且其實，上中學是為了學法語，不需要上中學學髒話啊。至於在家裡，我已經對感到厭煩的家長們建議過對孩子有說髒話的癖好問題——也就是從孩子快四歲的時候開始，讓孩子去廁所裡把髒話都說出來。對於來信的年輕人，我也建議當你們真的有滿嘴粗話想說出來的時候，也可以這麼做。除非突然之間粗話就脫口而出了（像是摔了一跤、踩到香蕉皮滑倒了、手上的東西摔碎了……），說了就說了吧，反正是不由自主說出來的，我們向身邊聽到的人說聲抱歉就好了。（通常，當我們說了「公彭納的字語」（le mot de Cambronne）[3]，而周圍有其他的人在場時，我們會說：「噢，抱歉！」）不過對您來說，是不是真的有必要說髒話呢？假如有必要的話，那就要想一想問題的本身，而且手邊總是要有些稿紙，當一句髒話要脫口而出的時候，就把它寫下來，並且試著別拼寫錯了。髒話可真不少呢，不妨試著列個清單，知道很多髒話也是很有趣的。另外，也要知道這些髒話，否則就會顯得太傻了。不過不要說出來，除非是在夥伴之間，還要確定沒有大人聽到你們說的時候再說。因為我可是從來沒聽過有大人會說：「孩子們請盡情地說點髒話吧，多麼悅耳啊！」

對於玩具手槍、玩具步槍等的問題，我想孩子需要玩戰爭遊戲，因為成年人也覺得武器很有意思，才會在慶祝節日時拿槍列隊遊行，大家湧上街頭，還會為那些越來越危險的武器展示拍手叫好。一把木槍、玩具手槍並不危險，用它們來扮硬漢也是可以的。我對這個問題沒有什麼看法，不過有些家長對此卻有意見。父母有他們自己的個性，既然孩子選擇了父母，就得接受父母。年輕人，等您將來成為父親的時候，您想怎麼做就怎麼做！到時候就由您來告訴我，是否覺得不玩戰爭遊戲的孩子會比其他的孩子更有人性、更文明。我可不知道。戰爭遊戲是小孩玩的；再大一點，就會喜歡大家所說的武術——這是有規則的遊戲，並且要求對自我的掌控，比如空手道、柔道，還有其他掌握身體和武器的鍛練。從您的來信看來，您已經到了對有規則的遊戲感興趣的年紀了——也算是對一項藝術感興趣，因為武術就是一門藝術。

這裡有封信，來自一位十二歲的女孩。她被姨媽和姨父依法領養了，她知道母親從來沒有拋棄過她，也知道母親是養母的姊妹。她不知道自己父親的名字，然而她卻很想知道。姨媽對此並不反對，但是姨媽說如果女孩去要求母親的話，會讓母親過於傷心。她請教您的建議。

您的母親需要您對她說您很愛她，並且感激她可以讓您從出生十五天起就在自己姊妹的家庭長大，成為他們的養女——因為母親無法撫養您。我認為沒有必要再給她帶來額外的傷痛，至少目前是這樣。或許再過一段時間，您會知道自己的生父是誰，不過我在想是否有這個必要，畢竟這個男人沒有照顧過您。您說母親把您交給自己的姊妹照顧是出於經濟的考量。她很勇敢，因為有許多母親為了同樣的原因，可能會把自己的孩子交給不認識的人領養。她的決定很不容易，您可以為此感謝她，因為收養您的家庭是您真正的親人。

她還請教您，記憶力困難是否也會遺傳，因為有人對她說她的生母有些精神上的問題。

不會，不會遺傳的。另外，您的來信顯示，即使您有記憶力的問題，也沒有任何精神上的問題。不過記憶力是可以鍛鍊的，您也可以鍛鍊自己。比如說，您可以列出一連串的字詞表，接著試著記住它們，然後把這些字詞大聲唸出來，再看看自己有沒有漏掉哪個。當您都記住了的時候，等兩、三天後再重新背誦一次這個詞彙表。我想要是您試著鍛鍊記憶力的話，成效會很好的。不要洩氣。

現在有一封信來自一位十七歲的男孩。這位男孩曾經在身體上受過極度的苦難。九歲之前，他過得很幸福、很開心。之後，他的生活卻變成了一場噩夢：他得了一種疾病，還找不出原因，經

歷了許多非常痛苦的檢查；後來，又不得不接受手術。現在他的身體依然還有問題，尤其是因為留級加上身體孱弱，同學們會嘲笑他（甚至叫他「小姐」），讓他非常痛苦。在學業方面，他只晚了兩年——相較於他所經歷的痛苦，兩年算是少的——但是學校生活讓他難以忍受。他寫道：「我只有在家裡還受得了，在社會上就不行。」他問您：「是我本人不適應呢，還是因為這個讓我吃盡苦頭的病所留下的傷痛，讓我變成現在這樣呢？我該怎麼重拾對自己的信心？」

您已經找到一部分解決的方法了，因為您說自己會寫一些童話、中短篇小說、詩歌，您應該要繼續。假如您真的無法與同學們相處，或許您可以申請遠距教學來上高中的課程。不過要注意：如果您這麼做的話，還是一定要讓自己常去與其他的男孩、女孩見面，比如參加一些工作室，或是去青少年活動中心。在您這個年紀，是可以做到的。現在的問題是，您的父母會接受嗎？這就要跟他們討論看看了。不過重要的是不要洩氣。學業落後兩年，這沒什麼。要知道也有像您一樣遭受痛苦的人已經在文學創作中找到了昇華（在精神分析領域是這樣說的）的管道，讓他們沒有迷失自我。您有點落後，但您一定會成長、會發育的。那些不喜歡別人在自己那個年紀跟他們不一樣的人，就隨他們去吧！總而言之，我覺得您沒有什麼不正常的。一時無法適應同齡男孩的生活，那是由於長時間受到的創傷所造成的。如果在您居住的城鎮附近有心理衛生教學中心的話，可以去那裡諮詢。那是一個針對十五歲以下兒童所開設的中心，即使您已經十七歲了，我確信您還是可以找人談談，他們會指引您到另外的諮商中心，那裡接受青年人或青少年晚期的人。您正好卡在一個年齡轉換的階段，有些諮商中心不接受您這樣年紀的人，然而也有些諮商中心是接受十六歲以上的人的。不要一直失望，沒有什麼大不了的。

1 譯註：在法國圖書館辦理借書證需要出示居住證明。
2 譯註：週三不上課，可是受處罰的學生要到學校接受處罰。通常是罰寫「我不再說髒話」之類的句子，或是寫作業。
3 譯註：「公彭納的字語」（le mot de Cambronne）在法語裡指的是一句常用的粗話「他媽的」（merde，類似英文的shit）。在滑鐵盧一役中，法軍面臨全面失利，法國將領公彭納在面對英國將軍勸降時，堅定地說：「寧死不降！」然而英軍努力不懈勸降，於是公彭納說出了著名的「他媽的！」（Merde!）。之後大文豪維克多．雨果在《悲慘世界》裡也描寫了這段舊事。另有一說，這段插曲是滑鐵盧戰役翌日，一位法國記者杜撰的。皮埃爾．公彭納（Pierre Jacques Etienne Cambronne, 1770-1842），法國將軍。在法國十八世紀末十九世紀初動蕩的時代裡投身軍旅，輔佐過第一共和、第一帝國、百日王朝以及後來的法蘭西王國。公彭納將軍的事蹟被引用在很多文學作品中。

心靈工坊 PsyGarden

LoveParenting 005

孩子有話，不跟你說：法國父母最信任的育兒專家多爾多陪你面對棘手的教養難題

Lorsque l'enfant paraît. Tome 2

著—馮絲瓦茲 ・ 多爾多（Françoise Dolto） 譯—單俐君
合作出版—雅緻文化有限公司（愛兒學母公司）

出版者—心靈工坊文化事業股份有限公司
發行人—王浩威 總編輯—徐嘉俊
責任編輯—裘佳慧 內文版型設計—陳俐君
內文排版—旭豐數位排版有限公司
通訊地址—106 台北市信義路四段 53 巷 8 號 2 樓
郵政劃撥—19546215 戶名—心靈工坊文化事業股份有限公司
電話—02) 2702-9186 傳真—02) 2702-9286
Email—service@psygarden.com.tw 網址—www.psygarden.com.tw

Cet ouvrage, publié dans le cadre du Programme d'Aide à la Publication « Hu Pinching », bénéficie du soutien du Bureau Français de Taipei. 本書獲法國在台協會《胡品清出版補助計劃》支持出版。

製版・印刷—中茂分色製版印刷事業股份有限公司
總經銷—大和書報圖書股份有限公司
電話—02) 8990-2588 傳真—02) 2290-1658
通訊地址—242 新北市新莊區五工五路 2 號（五股工業區）
初版一刷—2022 年 12 月 ISBN—978-986-357-272-5 定價—430 元

國家圖書館出版品預行編目資料

孩子有話，不跟你說：法國父母最信任的育兒專家多爾多陪你面對棘手的教養難題 / 馮絲瓦茲 ・ 多爾多（Françoise Dolto）著、單俐君譯．-- 初版．-- 臺北市：心靈工坊文化事業股份有限公司、雅緻文化有限公司，2022.12
面； 公分．--（LoveParenting；05）
譯自：Lorsque l'enfant paraît, tome 2
ISBN 978-986-357-272-5（平裝）

1. CST：兒童心理學 2. CST：兒童發展 3. CST：親職教育

173.1 111019896

心靈工坊 PsyGarden 書香家族 讀友卡

感謝您購買心靈工坊的叢書，爲了加強對您的服務，請您詳填本卡，直接投入郵筒（免貼郵票）或傳眞，我們會珍視您的意見，並提供您最新的活動訊息，共同以書會友，追求身心靈的創意與成長。

書系編號—LP005　　書名—孩子有話，不跟你說

姓名　　是否已加入書香家族？□是　□現在加入

電話 (O)　　(H)　　手機

E-mail　　生日　　年　　月　　日

地址 □□□

服務機構（就讀學校）　　職稱（系所）

您的性別—□1.女　□2.男　□3.其他

婚姻狀況—□1.未婚　□2.已婚　□3.離婚　□4.不婚　□5.同志　□6.喪偶　□7.分居

請問您如何得知這本書？

□1.書店　□2.報章雜誌　□3.廣播電視　□4.親友推介　□5.心靈工坊書訊
□6.廣告DM　□7.心靈工坊網站　□8.其他網路媒體　□9.其他 ______________

您購買本書的方式？

□1.書店　□2.劃撥郵購　□3.團體訂購　□4.網路訂購　□5.其他 ______________

您對本書的意見？

- 封面設計　□1.須再改進　□2.尚可　□3.滿意　□4.非常滿意
- 版面編排　□1.須再改進　□2.尚可　□3.滿意　□4.非常滿意
- 內容　□1.須再改進　□2.尚可　□3.滿意　□4.非常滿意
- 文筆／翻譯　□1.須再改進　□2.尚可　□3.滿意　□4.非常滿意
- 價格　□1.須再改進　□2.尚可　□3.滿意　□4.非常滿意

您對我們有何建議？

▲您的意見，我們將轉貼在心靈工坊網站上，www.psygarden.com.tw